LE MASQUE
Collection de romans d'aventures
créée et dirigée par
ALBERT PIGASSE

IMOGÈNE VOUS ÊTES IMPOSSIBLE

Liste alphabétique complète des

Romans d'Exbrayat

(Masque et Club des Masques)

	Masque	Club des masques
Aimez-vous la pizza ?	700	55
Amour et sparadrap	680	21
Les amours auvergnates	1001	506
Les amoureux de Leningrad	1061	157
Au "Trois Cassoulets"	1154	229
Avanti la musica	715	43
La balade de Jenny Plumpett	1481	
Barthélemy et sa colère	854	354
La belle Véronaise	1210	268
Les blondes et papa	727	126
Bye, bye, chérie	1330	
Caroline sur son banc	1556	
Ce mort que nul n'aimait	625	133
Ces sacrées Florentines	1046	147
C'est pas Dieu possible	1308	
Cet imbécile de Ludovic	674	85
Chant funèbre pour un gitan	1012	145
Le château des amours mortes	1608	
Chewing-gum et spaghetti	665	12
Chianti et Coca Cola	897	33
Le clan Morembert	1098	
Le colonel est retourné chez lui	875	170
Les dames du Creusot	904	398
Le dernier des salauds	958	454
Des amours compliquées	1457	
Des demoiselles imprudentes	721	369
Deux enfants tristes	1423	
Dors tranquille, Katherine	762	286
Les douceurs provinciales		51
Elle avait trop de mémoire	583	27
En souvenir d'Alice	1469	
Encore vous, Imogène	753	118
Espion où es-tu ? M'entends-tu ?		98
Et que ça saute		106
Felicité de la Croix-Rousse	1033	215
Les fiançailles d'Imogène	1176	197
Les filles de Folignazzaro	797	360
Fini de rire, fillette	1512	
La haine est ma compagne	1634	

	Masque	Club des masques
L'honneur de Barberine (hors collection)		
Il faut chanter, Isabelle	992	498
Imogène est de retour	706	110
Imogène et la veuve blanche	1406	
Imogène, vous êtes impossible	801	140
L'inspecteur mourra seul	638	19
J'aimais bien Rowena	1345	
Joyeux Noël, Tony		63
Ma belle Irlandaise	1719	
Mandolines et barbouzes		80
Marie de nos vingt ans	1380	
Méfie-toi, Gone!	741	67
Les menteuses	1141	223
Les messieurs de Delft	839	312
Mets tes pantoufles, Romeo	1713	
Mortimer, comment osez-vous?	969	294
Ne vous fâchez pas, Imogène	647	75
Le nez dans la luzerne	1597	
Notre Imogène	1070	165
La nuit de Santa Cruz	592	378
Olé! torero...	788	303
On se reverra, petite	824	47
Le petit fantôme de Canterbury	1392	
La petite fille à la fenêtre	1188	239
Plaies et bosses	919	59
Le plus beau des Bersagliers	779	88
La plus jolie des garces	1728	–
Porridge et polenta	1291	345
Pour Belinda	975	393
Pour ses beaux yeux	1167	
Pourquoi tuer le pépé?	1220	256
Le quadrille de Bologne		102
Quand Mario reviendra	1240	318
Quel gâchis, inspecteur	814	39
Qui veut affoler Martine?	1278	336
Le quintette de Bergame	978	181
Le sage de Sauvenat	1667	
Sainte Crapule	1256	327
Le temps se gâte à Zakopane		92
Ton amour et ma jeunesse	1227	247
Tout le monde l'aimait	1086	205
Trahisons en tout genre	1566	
Tu n'aurais pas dû, Marguerite	1430	
Un bien bel homme	1116	277
Un cœur d'artichaut	1536	487
Un joli petit coin pour mourir	1020	190
Une brune aux yeux bleus	935	71
Une petite morte de rien du tout	893	414
Une ravissante idiote		114
Une vieille tendresse	1645	
Vous manquez de tenue, Archibald	872	384
Vous souvenez-vous de Paco?	616	5
Le voyage inutile	925	441

Exbrayat

IMOGÈNE VOUS ÊTES IMPOSSIBLE

Librairie des Champs-Élysées

CHAPITRE PREMIER

Tout le monde sait — du moins les Ecossais l'affirment-ils — que lorsque Dieu daigne jeter un œil sur la terre, c'est d'abord l'Ecosse qu'Il regarde, parce que le pays de Robert Bruce lui est particulièrement cher. Les Highlanders ajoutent que la prunelle divine s'intéresse plus spécialement encore aux Highlands et les gens de Callander — perle du comté de Perth — précisent que c'est leur petite cité que le Seigneur observe avec le plus de tendresse, car Il la tient pour Sa réussite la plus totale. Cependant, même à Callander, vous trouverez des hommes et des femmes pour oser prétendre que la bénédiction de l'Eternel ne s'étend plus sur leur ville, puisque pour en châtier ses habitants, le Seigneur a permis qu'Imogène McCarthery — la grande Ecossaise aux cheveux rouges — y vînt prendre sa retraite. Le soir, à la veillée, il y a des mauvaises langues pour évoquer le temps béni où Callander goûtait une quiétude sans faille, c'est-à-dire l'époque où Imogène McCarthery travaillait à l'Amirauté, à Londres, et à ceux, nouveaux venus dans le pays, qui protestent en invoquant les troubles autrement plus graves causés par deux guerres mondiales, on réplique sévèrement que même une conflagration atomique ne réussirait pas à apporter dans les habitudes de Callander le désarroi qu'Imogène y installait par sa seule présence. Et déjà, le monstre du Loch Ness ne faisait plus peur aux petits enfants qu'on menaçait désormais de l'arrivée subite d'Imogène McCarthery au cas où ils refuseraient d'avaler leur porridge ou mettraient une mauvaise volonté évidente à s'endormir.

En cette soirée de juin, les habitants de Callander s'étaient couchés une légère inquiétude au cœur. Il n'avait pas plu de la journée! La chose s'affirmait si extraordinaire que les angoissés chroniques se demandaient s'il ne fallait pas deviner là le signe avant-coureur de la sécheresse exceptionnelle que l'Eternel devait employer pour en finir avec cette engeance humaine qui l'avait tant offensé. Indifférente aux petits soucis des hommes, la nuit — une belle nuit claire et lumineuse — enveloppait Callander comme d'une étoffe légère. Ted Boolitt, le patron du *Fier Highlander,* ayant congédié son garçon Thomas avec les derniers clients, posait ses volets de bois et, levant la tête vers le firmament, il resta cloué par la beauté du spectacle. Incontinent, il rendit grâce à Dieu de l'avoir autorisé à naître en Ecosse et, plus encore, de lui avoir donné pour compatriote l'incomparable, la magnifique, l'indomptable Imogène McCarthery. Il est vrai qu'au même instant, ayant fini de natter ses cheveux grisonnants en deux petites tresses aussi étriquées que son âme, Margaret Boolitt — femme légitime de Ted — suppliait le Seigneur de revenir au moins une fois sur la terre pour accomplir un ultime miracle : réduire en un petit tas de cendre l'abominable, l'impudique, l'effrontée Imogène McCarthery, honte de la gent féminine.

Et chaque soir, il en était ainsi. De Callander, presque à la même heure, montait vers le Royaume des Cieux un double courant de prières, dont les réclamations opposées s'annulaient les unes les autres, ce qui expliquait peut-être la non-intervention divine en faveur de l'un ou l'autre camp.

En soupirant, William McGrew, l'épicier, se glissait dans son lit, sentant fixé sur lui l'œil hargneux de son épouse Elizabeth. Afin de se débarrasser de cet espionnage qui l'exaspérait, il éteignit très vite la lumière et tout aussitôt, monta dans l'obscurité, la voix aigre de sa femme :

— William McGrew, pourquoi éteignez-vous sans m'en demander la permission?

— Pour ne plus vous voir, ma femme.

— William McGrew, vous oubliez que Dieu nous a unis pour l'éternité?

— N'exagérez quand même pas, Elizabeth, sur la terre, cela me suffira. Je pense même que là-haut, on inscrira les années que j'ai dû passer à vos côtés à mon crédit-purgatoire.

— William McGrew, vous m'insultez!

— Elizabeth, vous m'embêtez.

— En tout cas, vous direz ce que vous voudrez, mais vous ne vous comportiez pas avec moi de cette façon odieuse lorsque Imogène McCarthery ne vivait pas à Callander!

Il y eut un court silence pendant lequel l'épicier se mit sur son séant, redonna la lumière, prit une large inspiration avant de déclarer solennellement à sa femme :

— Elizabeth McGrew, prenez bien garde! Si vous vous permettez la moindre réflexion de mauvais goût sur cette femme unique, orgueil de toute l'Ecosse, qu'est Imogène McCarthery, mon amie, je vous flanque une râclée dont vous vous souviendrez jusqu'à votre heure dernière qui, je l'espère, ne se fera pas trop attendre. Sur ce, je vous souhaite bonne nuit.

Et, conscient d'avoir été juste et fort, William McGrew éteignit de nouveau sa lampe de chevet, s'allongea sur sa couche et s'endormit en rêvant qu'Imogène McCarthery, toujours prête à rendre service à ceux qu'elle aimait bien, étranglait Elizabeth sous les yeux émerveillés de son mari. Quant à Elizabeth, elle s'étranglait toute seule avec les sanglots lui nouant la gorge. Elle était sûre que jamais Ecossaise de pure race n'avait subi des affronts aussi répétés de la part de celui qui lui devait aide et protection. Elle ne retrouva son souffle que pour adresser une prière fervente et muette à Dieu afin qu'Imogène McCarthery mourût dans la nuit, d'un arrêt du cœur. Elle avait l'espoir d'être entendue, car elle n'ignorait pas qu'au même moment, ses amies intimes, Mrs. Plury,

Mrs. Sharpe et Mrs. Frazer, appelaient l'Eternel à la rescousse et dans les mêmes intentions.

Peter Cornway, le menuisier qui, le cas échéant, remplissait les fonctions de coroner, regardait dans son atelier — avant de gagner sa chambre — et se lamentait intérieurement de voir tant de bois de cercueil inemployé. Il avait vu trop grand dans ses commandes et tout cet argent qui dormait meurtrissait cruellement son âme écossaise. Il se rasséréna pourtant en songeant que son copain, Ned Billing, maire de Callander, lui avait signalé que trois ou quatre de ses administrés donnaient l'impression d'en avoir assez de cette terre. Et puis, il y avait Imogène McCarthery, tant qu'elle serait là, on pouvait toujours espérer se réveiller le matin pour apprendre qu'on avait trouvé quelques cadavres éparpillés dans et autour de Callander. Quand il pensait à tous ceux à qui il avait fourni leur dernière habitation grâce à l'Ecossaise aux cheveux rouges, Peter Cornway se sentait soulevé par la reconnaissance et remerciait Dieu d'être l'ami d'Imogène.

Ayant refermé sa Bible où il venait de lire les versets lui paraissant convenir plus particulièrement à son état d'âme, le révérend Reginald Haquarson se répétait pour la cent millième fois peut-être que ces Highlanders s'affirmaient bien difficiles à régenter. Puis, se laissant gagner par une colère — fruit subitement éclos d'exaspérations sans nombre — le révérend s'en prit directement au Seigneur pour

Lui demander jusqu'à quand Il laisserait cette Jézabel à la crinière flamboyante semer la honte et le désordre dans sa communauté de fidèles pas tellement fidèles? Le pasteur conjura l'Eternel de rappeler au plus tôt à Lui Imogène McCarthery, car il s'avérait que Lui seul pourrait la dompter.

Dans la chambre conjugale, la vieille Rosemary Elroy ne dormait pas. Elle écoutait — musique familière et rassurante — ronfler son mari Léonard. Elle se reprochait de le négliger un peu au profit d'Imogène McCarthery qui, en dépit de la cinquantaine nettement dépassée, demeurait son cher vieux bébé. Elle ne pouvait oublier qu'elle l'avait bercée sur ses genoux puisque la fillette, orpheline très jeune, n'avait pu compter sur un papa plus enclin — après avoir quitté l'armée — à s'intéresser à l'étude comparée des différents whiskys fournis par la terre d'Ecosse qu'à ses devoirs paternels. Bien sûr, Imogène avait le don de se fourrer sans cesse dans des histoires impossibles, mais Rosemary, qui la connaissait bien, savait qu'elle était la meilleure fille du monde malgré son caractère emporté et son nationalisme facilement irrité. Joignant les mains avant de clore les paupières, Mrs. Elroy déclara au Seigneur qu'elle s'en remettait à Son infinie bonté pour accorder longue vie et santé à Imogène McCarthery.

Le médecin Jonathan Elscott, éreinté par une rude journée, ramena ses draps sur son menton, mais avant de goûter un sommeil réparateur, il donna l'ordre à Moira McIntosh, sa gouvernante, de ne le réveiller que pour un accident ou un malaise grave. Il spécifia qu'en aucun cas il n'accepterait qu'on le dérangeât pour se porter au secours d'Imogène McCarthery, dût-il y perdre son honneur et son droit d'exercer la médecine. Il n'entendait pas, si cette damnée créature se trouvait à l'article de la mort, être tenu pour responsable de son retour à la vie et passer ainsi pour un malfaiteur public. Afin de justifier son point de vue, Jonathan Elscott se récita la liste des personnes qu'il n'avait pu arracher au trépas et qui ne méritaient pas de mourir, alors que l'insolente santé d'Imogène semblait la mettre à l'abri de tous les microbes et virus s'aventurant en Ecosse.

Le constable Samuel Tyler regagnait pesamment le bureau de police où l'attendait son chef, le sergent Archibald McClostaugh, à qui il devait faire son rapport avant d'obtenir la permission d'aller se coucher. Soudain, il vit une ombre se détacher d'un mur et se mettre à zigzaguer dans la rue déserte. Samuel soupira. Encore un ivrogne qu'il lui incomberait de ramener à sa demeure. Il pressa le pas pour rejoindre l'homme, en souhaitant qu'il n'habitât pas trop loin. Quand il lui mit la main sur l'épaule, il reconnut Harry Lowden, l'ancien maire, auquel son hostilité déclarée envers Miss McCarthery avait coûté sa place aux dernières élections municipales, et ce au profit de Ned Billings, son adjoint, grand copain de l'Ecossaise. Lowden ne s'était jamais remis de cet échec et buvait beaucoup depuis ce jour-là.

— Eh bien! Harry, il me semble que vous portez une drôle de charge, non?

— Suis soûl, Sam... Affreusement soûl...

— N'avez-vous pas honte, Harry? Songez à l'exemple que vous donnez?

— M'en fous, Sam... Me soûlerai jusqu'à ce qu'elle crève!

— Qui ça, Harry?

— La garce aux cheveux rouges!

Samuel, à peu près de l'âge d'Imogène, avec qui il avait joué à l'école tandis que le capitaine McCarthery tenait garnison aux Indes, aimait bien son ancienne camarade et tout en s'avouant qu'elle était d'un commerce difficile, il supportait mal qu'on parlât d'elle en termes grossiers. Sévère, il se redressa :

— Mesurez vos paroles, Harry Lowden! Vous exprimer de cette façon n'est pas digne d'un gentleman!

— Suis pas un... un gent... gentleman, Sam... Suis un... un paupau... pauvre type... Un type fifi... fini! A cause d'I... d'I... momo... d'Imogène... La tuetue... la tuerai, Sam!... sûr! la tuerai!

— Taisez-vous ou je vous colle en prison!

— Irai à la popo... à la potence si vous vouvous... voulez pourvu que... que je l'é... que je l'étrangle!

Heureusement qu'on arrivait devant la porte d'Harry Lowden, car le constable se fâchait pour de bon. Il frappa rudement à l'huis et, à Mrs.

Lowden venue lui ouvrir en papillottes et robe de chambre, il confia son époux en déclarant :

— Feriez bien de le garder un peu plus à la maison, Helen, sinon vous le retrouverez en prison un de ces jours!

— Si j'étais certaine que vous l'y gardiez quelques années, je l'y conduirais moi-même, Sam!

Ce fut une nouvelle occasion pour Tyler de se féliciter de n'avoir jamais cédé aux attraits du mariage et, tout heureux de sa perspicacité ancienne, il gagna d'un pas vif le bureau où régnait Archibald McClostaugh.

Le sergent, sa belle barbe rousse soigneusement étalée sur le plastron de sa tunique, ne se souciait guère du retard du constable car, selon son habitude, il s'occupait à tenter de résoudre un des problèmes proposés hebdomadairement par le *Time* aux amateurs d'échecs, ce noble jeu et le whisky se révélant les deux passions maîtresses d'Archibald. Bien que né dans les Borders, il aimait les Highlands et plus spécialement Callander qui eût constitué à ses yeux l'antichambre du Paradis, s'il n'y avait eu Imogène McCarthery avec qui il s'était si souvent querellé (1). Il accueillit son subordonné d'un cordial :

— Hello, Sam!

Et, repoussant son échiquier, il ajouta :

— Rien à signaler?

---

(1) Voir : *Ne vous fâchez pas, Imogène! Imogène est de retour. Encore vous. Imogène ?* à la même librairie.

— Rien, sergent, sauf que j'ai dû ramener chez lui Harry Lowden complètement soûl.

— File un mauvais coton, ce garçon, Sam. Faudra que je lui en touche deux mots... Pourquoi boit-il comme ça?

— Il prétend que c'est à cause d'Imogène McCarthery.

— Sam!

McClostaugh, soudainement pâli, se leva, raide comme la justice.

— Sam, je vous ai interdit de prononcer le nom de cette créature en ma présence, sauf en cas de nécessité absolue. Je ne tolérerai une exception à cette règle que le jour où vous viendrez m'apprendre sa mort. Compris?

— Compris, sergent.

Archibald se rassit, soulagé.

— Et ce jour-là, Sam, je vous offrirai une bouteille de whisky de votre marque préférée!

Une pareille générosité en disait plus long que tous les discours sur la haine que le sergent portait à la fille de feu le capitaine McCarthery. Incrédule, Tyler tint à entendre préciser la promesse.

— Une bouteille entière, sergent?

— Disons une demi-bouteille, Sam.

McClostaugh, en bon Ecossais, répugnait à la dépense.

Imogène McCarthery n'avait peur de rien, sauf des indigestions et, justement, ce soir-là, elle estimait avoir trop mangé de haggie qui, même pour un estomac écossais, n'est pas le genre de plat à avaler avant de se coucher. Les nombreuses rasades de whisky qu'elle s'était octroyées à titre de médication n'avaient pas arrangé les choses. Pour tout dire, Imogène respirait difficilement. Elle n'envisageait absolument pas de se soulager en renvoyant une nourriture indigeste, car elle aurait vu dans cette manœuvre salvatrice une atteinte à sa propre dignité et un blâme à sa chère Ecosse dont le haggie demeurait l'orgueil. Elle essaya de s'en remettre au sommeil du soin de liquider cet embarras, mais sur les onze heures, elle dut s'asseoir dans son lit, le souffle court, le regard vitreux, la bouche pâteuse. Le haggie et le whisky semblaient conjuguer leurs efforts pour venir à bout de l'indomptable Imogène. Brusquement, Miss McCarthery s'imagina qu'elle allait mourir. Elle accepta cette éventualité avec sa grandeur d'âme habituelle. Elle se leva en chancelant, passa sa robe de chambre aux couleurs de son clan, celui des McGregor, et se dirigea d'un pas mal assuré vers la commode sur le marbre de laquelle trônaient ses dieux familiers sous forme d'une reproduction et de deux photographies. La première montrait Robert Bruce à la veille de la bataille de Bannonckburn et composant la Marche qui conduirait ses troupes à la victoire, les secondes étaient celles de feu le capitaine Henry, James, Herbert McCarthery qui, ayant échappé aux balles des ennemis de la Couronne, n'avait pu résister tellement longtemps au travail de sape du whisky écossais absorbé à doses de plus en plus fortes et celle de l'inspecteur Douglas Skinner, de Scotland Yard, fiancé d'Imogène, mort en service commandé.

Passant devant la glace de l'armoire, Miss McCarthery eut un haut-le-corps devant cette grande bringue anguleuse, à l'œil terne, à la lippe pendante, au cheveu défait et que son absence de poitrine comme de croupe faisait ressembler à un épouvantail. Etait-il possible que ce fût là celle pour qui la moitié de Callander s'affirmait capable d'écrabouiller l'autre moitié? Ce spectre livide pouvait-il s'identifier à celle dont les exploits bruissaient à travers tout le comté de Perth? Cette loque acceptant une mort ignominieuse, qu'avait-elle de commun avec l'héroïne ayant contribué à la découverte de nombre de criminels et qui avait jalonné sa route de cadavres de truands et d'espions (1)? Imogène eut un hoquet puissant et trouva la force de se redresser pour déclarer :

— Non!... pas dans mon lit!

Elle se rhabilla en triomphant péniblement de nausées qui lui donnaient le vertige. Prête, elle s'approcha de la commode, s'y cramponna :

— Daddy... Douglas... Robert (elle traitait le héros national de l'Ecosse avec cette familiarité que permettent seules la tendresse et la certitude d'être digne du modèle choisi), vous n'aurez pas à rougir de moi!... Dehors, dans les champs... C'est là que la mort me prendra... Je rendrai mon dernier soupir en collant ma bouche sur la vieille terre écossaise... A bientôt, darling... J'arrive... Encore un peu de patience... Vive Marie Stuart! A bas l'Angleterre!

Cette affirmation de sa foi parut redonner une

(1) Voir ouvrages précités.

vigueur nouvelle à Imogène McCarthery qui, … pas plus assuré, sortit de sa chambre, descendit l… calier en se cramponnant tout de même à la rampe, traversa le living-room, le petit jardin et, bientôt, s'enfonça dans la nuit claire où elle se persuada que les étoiles ne brillaient que pour l'escorter en son heure dernière. Elle ne s'étonna pas des égards du ciel à son endroit. N'était-elle pas Ecossaise?

Pendant plusieurs minutes, elle avança sans en prendre conscience puis, peu à peu, la fraîcheur nocturne commença à éclairer son esprit. Elle respira plus à l'aise, sa marche se fit plus assurée, et finalement, elle se retrouva presque elle-même en dépassant Callander en direction des Trossachs, sur la route où s'élève l'hôtel du *Cygne Noir,* propriété d'un de ses ennemis les plus acharnés : McPuntish. Le souvenir de son adversaire acheva de rendre à Imogène la pleine possession de ses facultés et elle fut sur le moment tentée de se rendre au *Cygne Noir* pour réveiller McPuntish à seule fin de lui exprimer une fois de plus le parfait mépris dans lequel elle le tenait. Mais la raison l'emporta et la fougueuse Ecossaise décida de réintégrer son home en prenant le chemin de derrière qui sépare Callander de la lande. Ainsi, Miss McCarthery longea les deux villas, séparées d'une centaine de mètres, qu'avait bâties McCallum deux ans plus tôt et qui, depuis une dizaine de mois, étaient occupées par des citadins venus se retirer à la campagne.

La première de ces deux retraites, *Le Chardon écossais,* appartenait aux Ardley. Lui, un peintre qui, à trente-huit ans, parvenait à la notoriété, non seulement par suite de son talent, mais encore parce qu'il avait eu la chance de rencontrer, quelques années plus tôt, alors qu'il se débattait dans la misère, Mona Pirmill, riche veuve d'un industriel de Glasgow, et qui, bien qu'ayant plus de dix années d'écart avec l'artiste, s'était éprise de lui. Avec la belle fortune de Mona, Brian Ardley s'était imposé à Londres et maintenant, son avenir assuré, il avait décidé de se réfugier dans le silence à Callander et d'y travailler tout en soignant sa femme, que la maladie ne laissait guère en repos. En dépit de leur différence d'âge trop visible, Mona et Brian formaient un couple que Callander accepta tout de suite et que l'on citait en exemple. Souvent, vers le milieu de la journée, on croisait le peintre — un grand garçon brun au visage ouvert — poussant Mona dans une sorte de fauteuil roulant, ou bien on les apercevait dans un coin de la lande, lui installé à son chevalet et elle lisant à ses côtés. Cette tendresse émouvait les âmes sensibles et notamment Imogène qui, sous ses dehors guerriers, possédait l'esprit le plus romanesque qui soit. Tout de suite, elle était devenue l'amie du couple et si elle aimait dans Mona ce qu'elle appelait la douceur écossaise (métaphore poétique qui, de l'avis unanime, ne répondait à rien de réel), elle estimait Ardley tout en lui faisant grief de sa nationalité anglaise, vice rédhibitoire à ses yeux. Une fois par semaine, Imogène prenait le thé chez les Ardley, et la malade s'amusait de la chronique de la petite ville rapportée à sa façon par Miss McCarthery.

La seconde maison avait été achetée par le major Dermot Inchbare, bon et brave Ecossais natif d'Inverness, qui avait pris sa retraite à Callander après une carrière l'ayant promené sous tous les cieux à l'ombre du pavillon britannique. Dermot appartenait au genre d'hommes qu'Imogène admirait. D'abord, officier de Sa Majesté, il lui rappelait son papa, ensuite, pas très grand mais nerveux, le poil blanc et le teint coloré, il respirait l'énergie. Si Miss McCarthery ne lui portait cependant pas une admiration sans réserve, c'est que le major Inchbare avait — à ses yeux — témoigné d'une faiblesse coupable en se mariant moins d'une année plus tôt avec Alison Elwood, une petite théâtreuse londonienne de vingt-cinq ans. Une Londonnienne, une ancienne girl, une jeunesse, tout cela représentait aux yeux de la farouche Ecossaise autant de tares qui l'incitait à douter de la clarté de jugement du major. Toutefois, elle fréquentait la maison et si ses rapports avec Alison se révélaient des plus froids, elle aimait boire le whisky avec Dermot en parlant de l'armée. La demeure habitée par les Inchbare s'appelait *Le bélier noir.*

Son estomac la laissant enfin tranquille, Imogène éprouvait le besoin de dormir, et elle allongea le pas pour retrouver au plus vite le lit déserté dans un moment de pessimisme inhabituel et auquel, maintenant, elle préférait ne pas songer. Elle se consolait toutefois en pensant que nul n'avait été témoin de ce court instant de faiblesse. Elle atteignait un petit groupe d'arbres distant de deux cents mètres environ de la villa des Inchbare, lorsque l'écho de pas troua le silence de la nuit. Instinctivement, et parce que son âme romanesque appelait toujours l'aventure, Imogène sauta hors de la route pour se réfugier dans le boqueteau, le cœur battant. Les périls courus jadis lui revenant en mémoire — sollicités par la nuit et le silence — elle se voyait déjà traquée, menacée et recommandant son âme à Dieu en tant que recours suprême. Comme pour matérialiser ses songes, Miss McCarthery faillit crier, mais se retint à temps, en reconnaissant Brian Ardley et Alison Inchbare. Instinctivement, Imogène se rejeta en arrière. Qu'est-ce que cela signifiait? Dévorée de curiosité — quoique un peu gênée — elle surveilla cet homme et cette femme se figurant sans doute avoir retrouvé la solitude du paradis terrestre. Tout de suite, Miss McCarthery jugea que ces deux-là se tenaient un peu trop longtemps la main pour un simple au revoir et la voix de Brian éclaircit rapidement sa religion.

— Alison, darling... serons-nous obligés de toujours nous cacher?

— Nous sommes mariés, Brian....

— Qui nous délivrera?

— Mais nous, si nous le voulons!

Imogène sentit un frisson glacé la secouer. Cette abominable petite Anglaise à figure de poupée était-elle donc en train de projeter l'assassinat de son époux et Mrs. Ardley?

— Je ne trouverai jamais le courage de parler de divorce à Mona... Je lui dois tant!

— Je dois beaucoup aussi à Dermot, Brian, et

pourtant, je le sacrifierais sans hésitation à notre amour!

Miss McCarthery retint un hurlement d'indignation qui lui montait de la gorge.

— Vous êtes plus forte que moi, Alison, j'en conviens.

— Et puis, je vous aime peut-être plus que vous ne m'aimez?...

— Je vous défends de dire une chose pareille!

— Alors, nous devons attendre que Mona et Dermot, qui sont nos aînés, meurent de mort naturelle pour nous retrouver? Mais Brian, nous aurons, qui sait? des cheveux gris à ce moment-là! Je n'ai nullement envie de vivre à vos côtés pour boire de la tisane ou chauffer nos rhumatismes au soleil!

— Ne soyez pas méchante, darling!

— Je ne suis pas méchante, mais sincère, et vous le savez très bien, seulement, vous êtes un peu faible, Brian, et vous ne voulez pas en convenir.

Tous les noms des femmes fatales dont la Bible ruisselle défilaient dans l'esprit enfiévré d'Imogène. Ces deux Anglais l'écœuraient, mais ils ne se doutaient pas que Dieu, voulant sans doute déjouer leurs noirs desseins, avait mis l'Ecossaise sur leur route. Sans répondre à la dernière remarque de sa compagne, Brian l'avait prise dans ses bras et l'embrassait tendrement, amoureusement. Imogène aurait voulu baisser les yeux pour ne point assister à ce baiser impudique, immoral, scandaleux, mais, hypnotisée, elle ne perdait pas un geste de la scène se jouant devant elle. Enfin, Alison se dégagea et remonta vers *Le Bélier noir*, tandis que Brian la regardait réintégrer son home. Quand elle eut disparu à ses yeux, il se mit en route à son tour en marchant sur le bas-côté de la route afin d'étouffer le bruit de ses pas. Mrs. Inchbare et Ardley étaient depuis un long moment déjà rentrés chez eux, qu'Imogène demeurait sur place, incapable de bouger.

Archibald McClostaugh se sentait particulièrement en forme après une bonne nuit et son optimisme se trouva renforcé lorsqu'il constata qu'il tombait une pluie fine sur Callander : tout rentrait dans l'ordre. Ayant procédé à sa toilette avec sa vigueur habituelle et passé plus d'un quart d'heure à émonder sa barbe dont il tirait un légitime orgueil, il revêtit son uniforme soigneusement brossé et descendit à son bureau. Il ne doutait pas de triompher aujourd'hui même du problème d'échecs sur lequel il s'échinait depuis pas mal de temps, car il avait l'impression de jouir d'une lucidité particulière due, sans aucun doute, à un sommeil sans rêve. Mais nous n'ignorons pas que rarement, les projets des hommes suivent les chemins qu'ils espèrent et en quelques secondes, l'humeur si claire du sergent tourna au noir absolu. Il suffit pour cela qu'Imogène McCarthery, pénétrant dans le poste de police, lança un :

— Hello! Archie!

qui retentit aux oreilles du sergent comme retentira la trompette du Jugement Dernier parmi les âmes se pressant dans la vallée de Josapha.

Archibald commença par déglutir sa salive avec

difficulté puis, s'avançant plein d'une farouche résolution vers son ennemie, meugla :

— Qu'est-ce que vous venez faire ici?

Ce matin-là, Imogène semblait vouloir témoigner du côté angélique de sa nature, et dont elle seule connaissait l'existence. Mi-grondeuse, mi-souriante, elle susurra :

— Archie... est-ce ainsi qu'on reçoit une vieille amie?

— Une vieille amie?

Le ricanement lugubre de McClostaugh résonna étrangement dans la pièce.

— Archie, mon garçon, vous ne souriez donc jamais?

— Jamais!

— Je vous plains...

— Mais si cela peut vous consoler, je suis prêt à sourire! J'y suis même décidé!

— Vraiment?

— Oui, quand je suivrai le corbillard qui vous emmènera au cimetière!

Miss McCarthery soupira.

— Archie, comme vous cachez bien votre jeu!

— Moi?

— Quand nous sommes seuls, c'est tout à fait inutile, je vous assure!

— Je cache mon jeu, hein?

— Voyons, Archie, tout le comté de Perth sait que vous m'aimez?

— Quoi?

— Vos injures, vos remarques apparemment désobligeantes ne sont que les aveux masqués d'une tendresse que votre timidité n'ose exprimer.

— Je!... moi!... vous?...

La couleur du visage du sergent s'était peu à peu placée dans la gamme des reflets de sa barbe. Il porta vivement la main à son col pour le dégrafer, redoutant la congestion le menaçant chaque fois qu'il avait affaire à l'Ecossaise. Aimable, cette dernière s'approcha :

— Désirez-vous que je vous aide, Archie?

McClostaugh réussit un joli bond en arrière, comme s'il avait failli mettre, par inadvertance, le pied sur un serpent venimeux. Il hurla :

— Sortez! ou je vous jette dehors!

Son recul avait porté Archibald à la hauteur de l'armoire aux dossiers. Il l'ouvrit d'un geste décidé, dénicha une bouteille de whisky derrière une pile de papiers et en porta rapidement le goulot à ses lèvres. Imogène eut un petit rire scandalisé.

— Ivrogne... et égoïste de surcroît! Ah! Archie, faut-il qu'on tienne à vous pour vous pardonner tout cela!

Ayant, grâce au whisky, rattrapé son sang-froid, le sergent, la barbe agressive et l'œil chargé d'éclairs, somma sa visiteuse de se rétracter. Miss McCarthery s'y refusa :

— Vous buvez trop, Archie, et vous en perdez la mémoire! Souvenez-vous du collège de Pemberton (1) où vous m'avez demandé ma main?

— Par l'enfer, cette idée saugrenue n'était pas de

---

(1) Voir : *Encore vous, Imogène?*

moi, mais du superintendent Andrew Copland que vous aviez abusé!

— Je ne faisais que devancer vos désirs, Archie. Croyez-vous qu'une femme puisse se tromper sur ces choses-là?

— Une femme?

Le ricanement de McClostaugh marquait un tel mépris, une ironie si virulente qu'Imogène sentit la moutarde lui monter au nez.

— Une femme, vous! Mais si les femmes vous ressemblaient, le célibat serait l'état normal des hommes sur la terre!

Avec une douceur où vibraient les échos feutrés d'une colère difficilement contenue, Miss McCarthery chuchota :

— Je suis patiente, Archie, mais il ne faudrait tout de même pas abuser...

— Une effrayante garce, voilà ce que vous êtes, Imogène McCarthery!

En dépit des promesses faites à elle-même de conserver son calme afin de pouvoir exposer au sergent la scène qu'elle avait surprise dans la nuit et ses conséquences possibles, ce fut plus fort qu'elle et empoignant le lourd Code pénal se trouvant à portée de sa main, elle le jeta de toutes ses forces au visage de McClostaugh qui, atteint en plein front, tomba sur les genoux, assommé. Pour se relever, dans le brouillard où il se débattait, il tendit les bras en avant et agrippa sa visiteuse aux hanches. Mrs. Sharp, qui entrait, en demeura paralysée de surprise. Jamais encore de sa vie elle n'avait vu... Elle balbutia :

— Je... je ne savais pas... Je vous prie de... de m'excuser...

Souriante et détendue, Imogène dit gentiment à la nouvelle venue :

— Ce qu'il peut être entêté, ce pauvre Archie... Regardez un peu dans quelle posture il se met pour me supplier de lui accorder ma main?

— Il veut vous... vous épouser?

— Oui, ça tourne à l'idée fixe... Cher vieux garçon... ah! Mrs. Sharp, je me demande si j'ai le droit de le laisser souffrir ainsi?...

Abrutie par le spectacle et par la nouvelle que confirmait l'attitude du sergent ne lui prêtant même pas attention, Mrs. Sharp répétait stupidement :

— Bien sûr... bien sûr... bien sûr...

Miss McCarthery, qui savourait l'effarement de Mrs. Sharp, poursuivit :

— Je crois que je finirai par me laisser convaincre... Et puis, si je deviens Mrs. McClostaugh, j'aiderai Archie à faire régner l'ordre dans Callander où les mauvaises langues s'en donnent un peu trop facilement!

Devinant les menaces contenues dans cette hypothèse, Mrs. Sharp pivota sur ses talons et fonça au-dehors sans se soucier de prendre congé. Archibald reprenait conscience. Il balbutia :

— Où suis-je?

— A mes pieds!

Sans se rendre compte de sa position, il leva les yeux vers le ciel et vit le visage d'Imogène qui, penché, le surplombait. Il eut un gémissement rauque :

— Le cauchemar continue...

— Imaginez, Archie, que Samuel arrive. Que penserait-il de vous voir ainsi cramponné des plus familièrement à ma taille?

— Hein? Qu'est-ce que vous chantez là? Cramponné à...

Et du même moment, il réalisa qu'il se trouvait effectivement aux genoux d'Imogène et qu'il lui enserrait la taille comme Roméo l'eût fait à Juliette. Les yeux lui sortirent presque des orbites. Il émit un râle sinistre et, incontinent, s'évanouit. Miss McCarthery n'avait rien d'une femmelette. Attrapant McClostaugh sous les aisselles, elle le traîna jusqu'à son fauteuil, l'y installa et, découvrant la bouteille de whisky qu'elle avait vu le sergent y cacher, elle en but un bon coup — à seule fin d'être sûre que c'était bien du whisky — et généreusement, en fit couler une belle rasade entre les lèvres de son ennemi qui, par un réflexe naturel, ingurgita l'alcool sans soulever les paupières pour autant. Derechef, après avoir soigneusement essuyé le goulot, Imogène s'en offrit une nouvelle tournée, et Samuel Tyler ne sut pas trop quoi dire devant cette preuve évidente d'une intimité qu'il ne soupçonnait pas entre son chef et son amie d'enfance. A la vérité, Miss McCarthery s'étrangla quelque peu à l'apparition du constable tandis qu'Archibald, complètement revenu à lui, arrachait le flacon des mains de Miss McCarthery en criant :

— Et alors, Tyler? On dilapide sous vos yeux les biens de la Couronne et vous ne bougez pas? Complice! voilà ce que vous êtes! Quant à vous,

Miss McCarthery, prise en flagrant délit de vol, je vous arrête! Samuel, collez-la en cabane!

Une fois de plus, Tyler se trouvait sommé de prendre parti dans un de ces conflits qui le désespéraient. Imogène se porta à son secours :

— Ne l'écoutez pas, Samuel, c'est la passion qui le pousse à déparler.

— Je vous demande pardon, Miss, la passion de quoi?

Miss McCarthery gloussa :

— Si vous l'aviez vu tout à l'heure, Sam, à mes genoux, se cramponnant à ma taille, vous n'auriez pu vous empêcher de rire!

— Mais... mais qu'est-ce que le sergent faisait dans cette position?

— Je l'ignore, Sam...

et, hypocritement, elle ajouta :

— Mais vous qui êtes un homme, Sam, peut-être comprendrez-vous ce qu'il souhaitait obtenir de moi?

McClostaugh déclara :

— J'ai eu un étourdissement... Je ne sais pas ce qui... et tout d'un coup (ses yeux glissèrent sur le Code pénal resté au sol. Il bondit :)

— Je me rappelle! elle m'a jeté ce livre à la tête, Tyler, agression sur la personne d'un policeman, son compte est bon!

Bien qu'il déplora ce geste de la part d'Imogène, Tyler préférait cette explication. Il y retrouvait son atmosphère habituelle.

— Comment avez-vous pu vous permettre, Miss, de...

L'Ecossaise baissa chastement les paupières pour dire :

— Vous avez assez vécu, Sam, pour comprendre qu'une demoiselle peut être réduite aux dernières extrémités pour défendre sa... vertu. Archie s'est jeté sur moi comme un fauve!

McClostaugh décrocha le téléphone tout en affirmant avec onction :

— Miss McCarthery, je vous prie d'accepter mes regrets...

Ce furent alors aux deux autres de le regarder sans comprendre.

— ... je me suis montré injuste envers vous et j'en éprouve du remords, mais mon excuse est que j'ignorais tout.

— Que vous ignoriez tout... quoi?

— Que vous avez des hallucinations. Aussi, je téléphone à l'asile de Perth pour qu'on vienne vous chercher.

— Dans ce cas, demandez-leur de préparer un cabanon à deux places.

— Parce que?

— Parce que Mrs. Sharp, qui ne m'aime guère, a été témoin de la scène et donc, d'après vous, elle a eu également des hallucinations?

Archibald rit d'un rire supérieur et serein.

— Votre bluff ne vaut rien, Miss Imogène. Je me fiche de Mrs. Sharp dont vous inventez la présence. Hello?... Donnez-moi l'asile de Perth, s'il vous plaît... Quel asile? Mais celui des aliénés, bien sûr, vous êtes bouché ou si vous le faites exprès? Quoi? Si je suis un pensionnaire évadé? Non, mais dites donc, Miss, savez-vous à qui vous parlez?

A cet instant, Tyler, avec le doigt, coupa la communication. Le sergent s'en étrangla de fureur.

— Tyler!... qu'est-ce qu'il vous prend? Vous vous permettez de?... Mais c'est de la rebellion, ça, Tyler! Vous serez cassé! Vous êtes la honte de la police de Sa Majesté! Tyler, je vous donne l'ordre de vous enfermer dans la cellule! Je vous suspends de vos fonctions en attendant de statuer sur votre sort! Qu'avez-vous à dire pour votre défense que j'accepte d'entendre en souvenir de notre amitié ancienne?

— Que vous ne pouvez déranger l'asile psychiatrique de Perth sans l'autorisation et la demande expresse du médecin.

— Qu'à cela ne tienne!

McClostaugh composa le numéro du docteur et eut la chance de le trouver chez lui.

— Hello, Elscott? Ici, McClostaugh. Pouvez-vous passer immédiatement au bureau? Mais non, je ne suis pas malade, mais c'est un cas grave... Je ne vous dérangerais pas autrement, voyons! C'est ça, on vous attend.

Il reposa l'appareil et, avec un bon sourire :

— N'ayez pas peur, Miss McCarthery, tout ira très bien.

— J'en suis persuadée, Archie.

Le constable se sentait un peu en dehors de l'affaire. McClostaugh paraissait sûr de lui et Miss McCarthery ne semblait nourrir aucune inquiétude. Refusant de tenter de comprendre les pourquoi de ces attitudes, Samuel observait un silence prudent. Les autres ne parlant pas davantage, c'est dans un calme impressionnant que le docteur Elscott fit irruption.

— Alors, McClostaugh, qu'est-ce qui...

A cet instant, il découvrit la présence d'Imogène, et les mots expirèrent sur ses lèvres tandis que l'Ecossaise lui adressait un sourire amical tout en le saluant de sa voix d'adjudant des Coldstream Guards :

— Comment allez-vous, doc'?

Imogène inspirait une véritable terreur à Jonathan Elscott. Il bégaya :

— Mc... Clo... Clostaugh! J'es... j'espère que ce n'est... n'est pas pou... pour cette personne que vous a... avez eu le toutou... le toupet de me déranger?

— Si!

Sans ajouter un mot, le médecin ramassa sa trousse et tourna les talons. Le sergent rugit :

— Tyler! empêchez-le de filer!

Le constable se jeta entre le médecin et la porte tandis qu'Archibald assurait :

— Docteur, vous n'avez pas le droit de vous dérober à votre devoir! J'ai le regret de vous apprendre que Miss McCarthery donne des signes évidents de dérangement cérébral et qu'ainsi, elle s'affirme un danger permanent pour l'ordre dont je suis le gardien!

Elscott se précipita vers McClostaugh et, le menton batailleur, lança :

— Et vous?

— Comment ça, moi?

— Vous vous imaginez que votre exemple n'est

pas une offense constante à la décence et à l'ordre?

— Docteur, prenez garde! Insulter un sergent de police dans l'exercice de ses fonctions, cela peut coûter cher, même à un médecin!

— Et si je vous faisais révoquer?

— Moi?... si vous!... Ça par exemple! Non, mais dites donc, mon petit docteur...

— Et quoi donc, mon grand sergent?

Ils s'affrontaient, haineux, sous l'œil impavide d'Imogène et celui perpétuellement incompréhensif de Tyler. Archibald tenta un effort désespéré pour retrouver son calme :

— Pour la dernière fois, docteur Jonathan Elscott, je vous somme, au nom de la loi, d'examiner cette personne!

Le médecin s'avança précautionneusement d'Imogène, la contempla sous toutes les coutures et laissa tomber ;

— Décidément, sergent, vous avez de drôles d'idées... Enfin, il est bien vrai que tous les goûts sont dans la nature...

Lassée d'être tenue à l'écart d'un débat dont il lui semblait être l'objet principal, Imogène, à son tour, entra dans la danse.

— Ça va continuer longtemps?

Elscott soupira :

— Vous avez raison, Miss. McClostaugh, qu'attendez-vous de moi?

— Que vous signiez une demande d'internement au nom de Miss McCarthery!

— Rien que ça? Et sous quel motif, je vous prie?

— Hallucinations!

— Vraiment? Et quel genre d'hallucinations, s'il vous plaît?

— Elle m'a vu essayant de la violenter, la suppliant de m'accorder sa main!

— Vous êtes un sacré faux-jeton, McClostaugh, si vous souhaitez connaître mon opinion!

— Qu'est-ce que vous dites?

— Je dis que pour une fois, Miss McCarthery a raison. Mrs. Sharp a été témoin de vos turpitudes bestiales! Tout Callander est déjà au courant que vous voulez épouser Imogène McCarthery! La posture éhontée dans laquelle la respectable Mrs. Sharp vous a surpris, ne laisse aucun doute! J'ai toujours pensé que l'abus du whisky vous avait vicié le goût, sergent, mais à ce point-là... Ça dépasse l'entendement!

Imogène empoigna brusquement le médecin par les revers de son veston et se mit à le secouer.

— Je ne suis pas certaine que vous ne soyez pas en train de me manquer de respect, Jonathan Elscott!

— Lâchez-moi, créature de l'enfer!

L'injure se révélait si inattendue qu'Imogène ouvrit les mains. Elscott en profita pour se rajuster et pour lancer méchamment au sergent :

— Et si elle exige le mariage, McClostaugh, vous serez obligé d'y passer! Quant à l'asile psychiatrique, je goûterais une joie profonde à y expédier Miss McCarthery, mais je suis un honnête homme et l'honnêteté me force à proclamer que s'il y en a un à qui l'on doive passer la camisole de force, ici c'est vous Archibald McClostaugh! Au revoir, gentlemen!

Jonathan Elscott sortit de l'allure superbe de celui qui vient de triompher définitivement d'ennemis qui étaient aussi ceux de la justice.

Le départ du médecin fut suivi d'un silence où se mijotaient des catastrophes. Tyler, consterné, ne pipait mot. Imogène se demandait bien un peu si elle n'avait pas été trop loin. Quant à Archibald, assis à son bureau, il riait aux anges, l'esprit nettement perdu. Les deux autres finirent par s'inquiéter de cette réaction anormale. Ils entourèrent le sergent, lui tapotèrent sur l'épaule, le cajolèrent, sans aucun résultat. Le géant à barbe rousse continuait son étrange et affligeant manège. Les yeux fixés sur quelque chose que lui seul voyait, il était secoué de petits rires idiots qui l'obligeaient à tressauter sur sa chaise. Tyler se redressa et, amer :

— Vous l'avez mis dans un joli état, Miss Imogène!

— Je ne suis quand même pas responsable de ses débordements, Sam!

— Je n'en suis pas tellement certain, Miss... En tout cas, s'il doit rester ainsi, je crois que je ferai bien de prévenir le superintendent de Perth...

— Afin de prendre ma place, hein, Tyler?

McClostaugh, statue vivante de la probité outragée, tonnait entre les quatre murs pour bien montrer au constable qu'il ne se voulait pas dupe de son manège supposé.

— Ah! Tyler, quelle déception!... J'ai tout entendu des propos échangés avec cette personne dont le nom me brûle les lèvres et dont la seule vue m'écœure. D'abord, Tyler, vous avez laissé entendre que j'étais devenu gâteux et c'est là un manque de respect dont vous aurez à vous justifier devant des instances plus hautes! Puis, vous avez sauté sur l'occasion et vous étiez prêt à vous débarrasser de moi pour occuper mon fauteuil! Samuel Tyler, voulez-vous que je vous confie ce que je pense de vous? Vous êtes un traître doublé d'un félon!

Epuisé par cet effort oratoire, Archibald alla chercher sa bouteille de whisky et s'apprêtait à la porter à ses lèvres lorsqu'il la contempla longuement, la haussa jusqu'à ses yeux pour en juger le niveau et eut un ricanement où tremblait toute l'amertume d'un monde où l'injustice règne en maîtresse.

— Vous n'avez même pas attendu que je sois mort pour me dépouiller, Tyler!

Le constable regimba.

— Je n'ai pas touché à votre bouteille, sergent!

— Oseriez-vous mentir à votre chef, Tyler?

Imogène protesta.

— C'est moi, Archie...

— En effet! je me souviens! jolies manières! Est-ce votre père qui vous les a inculquées?

— Doucement, Archie... Ne touchez pas à daddy, sinon ça va recommencer!

— Imogène McCarthery, par ma voix, cinq générations de McClostaugh vous disent : vous n'avez pas le droit de torturer un être humain comme vous le faites avec notre Archibald que son père et sa mère ont choyé, dorloté, appris à aimer le porridge et à parler une langue étrangère, l'anglais.

Ici, le constable Tyler marqua quelque étonnement.

— Et quelle langue auriez-vous bien pu parler, sergent?

— Mais l'écossais, par St. George!

Touchée par cette marque d'attachement spontané au vieux pays, Miss McCarthery tendit la main à son éternel adversaire :

— Archie, ce que vous venez de dire m'a émue... Oubliez le mauvais tour que je vous ai joué. Je n'ai pas plus que vous l'intention de me marier et, avec vous moins qu'avec tout autre!

Soupçonneux, McClostaugh insista :

— C'est bien vrai, Miss?

— Je vous le jure, Archie, sur la tête de mon papa!

Le serment parut impressionner McClostaugh, qu'Imogène acheva de convaincre en déclarant :

— Nous allons boire à notre réconciliation, Archie! Sam va aller nous chercher une bouteille de whisky!

— Et qui la paiera?

— Moi!

Ce trait de générosité mouilla la paupière d'Archibald qui ne put s'empêcher de dire :

— Dans notre pays, Miss McCarthery, nous n'aimons guère à reconnaître nos torts, mais il est possible que je vous ai peut-être condamnée sur des apparences...

Imogène dédaigna de répondre et, royale, tendit de l'argent au constable qui, de crainte qu'elle ne se reprît, s'en fut aussi vite que le lui permettait la décence et le respect dû à son uniforme.

Dougal McBanchay, propriétaire du magasin de vins et d'alcools situé près du poste de police, détestait Ted Boolitt, le tenancier du *Fier Highlander*, car il estimait que si tout l'alcool bu par les gens de Callander était acheté chez lui, il aurait rapidement fait fortune. Par voie de conséquence, Dougal se voulait fermement hostile à Miss McCarthery, d'abord parce que Ted Boolitt se réclamait de son amitié, ensuite parce que son intérêt lui commandait d'entretenir d'excellentes relations avec Archibald McClostaugh dont l'aversion envers Imogène était la fable de la ville.

Lorsque Tyler lui acheta une bouteille entière de Black and White, McBanchay (qui, contrairement à la loi, servait aussi sa marchandise au verre pour les familiers, et notamment ces gentlemen de la police), ne put retenir un sifflement d'admiration et de demander :

— Ce n'est pas possible, Sam! Le sergent a hérité?

— Même s'il héritait, Dougal, McClostaugh ne se laisserait pas aller à des dépenses pareilles!

Incrédule, l'épicier le contempla:

— Vous ne souhaitez quand même pas me donner à croire, Sam, que c'est vous qui...

Toujours prêt à prendre la défense d'Imogène ou de mettre en évidence les traits de son caractère susceptibles d'éveiller la sympathie, voire l'admiration, le constable lança d'une voix triomphante :

— C'est Miss McCarthery!

McBanchay ne réagit pas tout de suite. Après un court silence, il opina, et sentencieux :

— Ça se comprend... Il faut faire passer la pilule... Sam, vous vous seriez douté de ça?

— Oh! vous savez, Dougal, elle est beaucoup plus généreuse qu'on ne le dit.

McBanchay resta un instant interdit, puis :

— Du diable si je vois ce que la générosité vient faire là-dedans?

— Vous êtes un curieux type, Dougal! Alors, vous estimez que ce n'est rien de payer une bouteille de whisky?

— Mais il ne s'agit pas de ça, Sam!

— Et de quoi, alors?

— Du mariage de Miss McCarthery et de McClostaugh. C'est pour quand?

— Pour quand? Mais pour jamais! Qu'est-ce que c'est que cette histoire idiote?

— Pourtant, tout Callander en parle depuis une heure, Sam! Et Mrs. Sharp a vu le sergent aux pieds de Miss McCarthery!

Le constable redressa le torse pour donner plus de poids à son affirmation.

— Dougal McBanchay, je m'étonne qu'un homme comme vous prête l'oreille à des racontars de bonne femme!

Et, laissant le commerçant fort perplexe. Tyler s'en alla sans lui souhaiter le bonjour.

Pendant ce temps, Archibald et Imogène réconciliés se faisaient mille politesses. Attendrie, Miss McCarthery affirmait :

— Je suis heureuse que tout malentendu soit dissipé entre nous, Archie. Voilà des années que nous nous querellons, alors que nous tendons vers le même but : la chasse aux coquins.

— C'est-à-dire, Miss, que nous n'employons pas les mêmes méthodes.

— Peu importe! Ce qu'il faut, c'est qu'au lieu de nous opposer, nous unissions nos efforts.

McClostaugh ne témoignait pas d'un grand enthousiasme devant l'offre de collaborer, le cas échéant, avec l'Ecossaise, mais la perspective de vider un flacon de whisky le rendait complaisant.

— C'est d'accord, Miss. Au prochain cadavre que vous découvrez, au premier crime dont vous avez connaissance, vous venez me trouver et...

— C'est justement pourquoi je suis ici, Archie.

— Quoi?

— J'ai tenu à ce que vous soyez le premier informé.

— Mais de quoi, Seigneur?

— D'un incident auquel j'ai assisté et qui pourrait bien avoir un meurtre pour conséquence.

Le sergent, d'un coup, oublia ses bonnes résolutions et gémit :

— Alors, ça recommence?

— Mais, Archie...

— Vous ne pouvez donc pas vous tenir tranquille?

— Moi?

— Oui, vous! Avant que vous n'arriviez à Callander, on ne parlait jamais de meurtre! Depuis que vous êtes là, on à l'impression que tous les criminels de la terre se sont donnés rendez-vous chez nous!

— Archie, vous exagérez! Et ce n'est quand même pas ma faute si...

— Si, c'est de votre faute! Je ne sais pas ni comment ni pourquoi, mais c'est de votre faute!

— Archie, méfiez-vous! Si mon histoire ne vous intéresse pas, je puis aller la conter au superintendent de Perth en lui spécifiant que vous avez refusé de m'écouter.

Cette menace calma McClostaugh qui, avec un soupir résigné, céda :

— Allez-y, je vous écoute...

Imogène lui raconta la scène dont elle avait été témoin et conclut :

— Qu'est-ce que vous pensez de ça, Archie?

— J'en pense que vous êtes une damnée vieille fouineuse! Voilà ce que j'en pense! Et j'ajoute que vous devriez avoir honte non seulement de votre curiosité malsaine, mais encore d'oser venir en parler à un représentant de l'ordre public!

Miss McCarthery se cabra, pareille à une cavale rebelle à qui on donnerait de l'étrivière.

— Archibald McClostaugh, prenez garde!

— C'est moi qui vous conseille de prendre garde! Il faut être une vieille fille névrosée pour se permettre d'assister aux ébats amoureux de ses concitoyens!

— Je vous ferai remarquer qu'en fait d'ébats, il ne s'agissait que d'un baiser et qu'au surplus, Brian

Ardley et Alison Inchbare, s'ils sont mariés, ne le sont pas l'un à l'autre!

— Et alors? En quoi cela vous regarde-t-il?

— Cela me regarde en ce sens que je crains, sous l'impulsion de cette misérable petite Anglaise, de voir assassiner une honnête Ecossaise! Il est vrai que cette éventualité ne vous touche guère, d'abord parce que vous n'avez pas de cœur, ensuite parce que vous êtes si peu Ecossais...

— Moi? Il faut que je me rappelle — aussi incroyable que cela paraisse — que vous êtes une femme pour ne pas vous boxer!

— Et pendant ce temps, vous vous imaginez que je ferais du tricot?

Le sergent se leva pesamment, contourna son bureau pour venir se planter devant son adversaire et, avançant sa grosse tête vers celle d'Imogène :

— Voulez-vous que je vous explique les raisons de votre inqualifiable conduite? Vous êtes amoureuse de Brian Ardley!

— Archibald, vous devriez vous purger de temps à autre. Notamment aux changements de saison!

— Et vous, prendre du bromure! Vous n'avez pas honte, espèce de Putiphar, de regarder un homme qui pourrait être votre fils! C'est vous, oui, qui souhaiteriez qu'Ardley se débarrasse de sa femme, dans l'espoir qu'il s'intéresserait à vous! D'ailleurs, vous êtes toujours fourrée chez eux! Je le sais! Osez prétendre que ce n'est pas vrai?

— Ce que j'affirme devant toute l'Ecosse, Archibald McClostaugh, c'est que vous êtes le plus prodigieux crétin que les Highlands aient jamais vu passer!

Tyler qui, souriant, arrivait avec sa bouteille, faillit, de saisissement, lâcher cette dernière. Il avait quitté le sergent et Imogène en pleine euphorie d'une réconciliation qu'il espérait définitive, et voilà qu'il les retrouvait perdus dans une de leurs tonitruantes querelles. Il annonça gentiment :

— J'ai rapporté la bouteille, Miss McCarthery.

L'Ecossaise la lui arracha des mains.

— Plus souvent que j'offrirais à boire à ce gorille casqué!

Agité tout autant par l'injure qu'on lui jetait à la figure que par la déception de voir filer sous son nez le flacon, McClostaugh s'en prit à Tyler.

— Et de quel droit vous transformez-vous en garçon de course pour des personnes étrangères au service, Tyler?

— Mais, sergent...

— Vous seriez-vous laissé acheter, Tyler? Seriez-vous un flic corrompu?

Imogène tendit la bouteille au constable.

— Permettez-moi de vous l'offrir, Sam, pour vous remercier de votre présence à Callander, qui m'empêche de croire que la police de ce pays a été confiée à des échappés d'asile psychiatrique!

Tyler hésita un très court instant avant d'accepter le cadeau de Miss McCarthery. Archibald s'en étrangla

— Sous mes yeux! Vous touchez des pots de vin, sous mes yeux! Tyler, votre compte est bon! Un rapport ce soir même... C'en est fini de votre carrière, Tyler!

Souriante, Imogène tapota l'épaule du constable.

— Ne vous en faites pas, Sam. Tout le pays est pour vous. D'ailleurs, les calomnies d'un étranger n'ont aucune importance. En tout cas, voilà le genre de décision que prend un McClostaugh quand je viens lui apprendre qu'un meurtre va peut-être être commis au *Chardon écossais!*

— Chez les Ardley, Miss?

Archibald eut un rire sauvage.

— C'est la dernière invention de l'extra-lucide Imogène McCarthery, la sorcière de Callander! Mrs. Ardley est en danger de mort parce que son mari flirte avec Mrs. Inchbare! Allons, Sam, vous ne nierez pas qu'elle est folle, non?

Ne comprenant rien à toute cette histoire, Tyler cherchait une réponse prudente, lorsque l'entrée du docteur Jonathan Elscott le dispensa, à son grand soulagement, de se mêler au débat. Le médecin semblait fort préoccupé :

— McClostaugh, j'arrive du *Chardon écossais*... J'y retourne et je souhaiterais que vous m'y accompagniez.

— Pourquoi?

— Parce que Mrs. Ardley vient de mourir et dans des conditions qui ne me plaisent pas du tout.

CHAPITRE II

Dans le silence observé par tous, le silence d'Imogène avait quelque chose de spécial : l'ironie le disputait à la fierté et le sergent, qui devinait parfaitement ce que son ennemie pensait, jappa :

— Et alors quoi, Miss McCarthery? Dites ce que vous avez à dire au lieu de vous rengorger comme une poule imaginant avoir pondu le plus bel œuf de toute l'Ecosse!

Suave, Imogène assura :

— Je suis certaine, Archie, que vous allez une fois de plus m'adresser des excuses pour n'avoir pas pris en considération ce qui n'était que le fruit de mon expérience?

Rageur et sincère, McClostaugh réclama:

— J'aimerais mieux crever!

Ce à quoi la fille de feu le capitaine McCarthery répliqua que, pour sa part, elle n'y voyait nul inconvénient. Si Tyler ne s'étonnait pas de cette escarmouche nouvelle, suite du duel aux ultimes engagements auquel il avait assisté, le docteur Elscott se demandait si le sergent avait seulement entendu ce qu'il était venu lui apprendre. Jonathan Elscott ne se prenait pas pour rien et supportait mal d'être tenu pour quantité négligeable. Comme, par-dessus le marché, il faisait montre d'un caractère exécrable, il s'abandonna tout de suite à son tempérament bilieux.

— Mr. McClostaugh, est-ce que vous vous imaginez que j'ai du temps à perdre à vous regarder jouer les pîtres?

Sous cette attaque inattendue meurtrissant un amour-propre déjà durement atteint par l'attitude d'Imogène, Archibald regimba :

— Non mais, des fois, doc', vous désirez que je vous apprenne la politesse due à un sergent de police britannique?

Hargneux, Elscott redressa sa petite taille et cria d'une voix de tête :

— Quand j'aurai des leçons à recevoir, ce n'est pas auprès d'un illettré abruti par l'alcool que j'irai les chercher!

Une fois encore, le sergent dut dégrafer le col de sa tunique pour éviter le coup de sang.

— Tyler! Foutez-moi cet énergumène en cellule!

Abasourdi, le constable tint à ce que son supérieur précisât son ordre :

— Vous voulez que j'enferme le docteur?

— Et pourquoi pas? Les lois sont pour lui comme pour les autres, non? Et puis, pendant que nous le laisserons méditer au frais, nous sauverons peut-être la vie de quelques-uns de nos concitoyens!

Jonathan Elscott sauta en l'air sous cette accusation à peine voilée.

— Archibald McClostaugh, voilà une réflexion que vous regretterez pendant tous les jours qui vous restent à vivre! Deux témoins! Je vais vous demander des dommages et intérêts tels que, lorsque vous aurez été chassé de la police, il vous faudra travailler comme ouvrier agricole jusqu'à votre mort pour me payer!

Imogène jugea bon de choisir ce moment pour affirmer que justement, elle cherchait un manœuvre pour bêcher son jardin. Sur ce, le sergent lui intima l'ordre d'avoir à vider les lieux et en vitesse. Miss Mc Carthery rétorqua que sans doute, Archibald désirait l'éloigner pour tenter d'étouffer l'affaire comme il en avait l'habitude, et qu'elle ne serait pas autrement étonnée qu'il se fît de substantiels revenus en détruisant les preuves susceptibles de transformer les faits-divers en manœuvres criminelles. A son tour, McClostaugh promit à Imogène de la traîner devant les tribunaux, si bien qu'au bout de quelques instants, tout le monde, à part le constable, se menaçait mutuellement de procès en diffamation, avec une telle quantité de livres à la clef que le trésor de la Couronne aurait tout juste été capable de payer. Quand enfin, à bout de force et privés de voix, les trois antagonistes prirent le temps de respirer, Samuel Tyler intervint :

— Et si nous parlions de Mona Ardley?

Archibald, tout entier livré à ses fureurs, envoya son paquet au constable.

— Vous, Tyler, vous causerez quand on vous interrogera! En voilà des façons! Non, mais qu'est-ce que vous vous croyez, constable? Et d'abord qu'est-ce qu'elle a Mona Ardley?

Jonathan Elscott précisa, venimeux :

— Je vous rappelle qu'elle est morte, sergent.

— Elle est?... Ah! oui, c'est vrai... Bon, et alors? C'est vous qui la soigniez, non?

— Oui, mais ce n'est pas moi qui l'ai tuée, quoi que vous puissiez en penser!

— Ça l'enquête nous l'apprendra! De quoi est-elle morte?

— C'est justement ce que je voudrais savoir!

— Alors, vous n'êtes même pas capable de faire autre chose que de constater un décès?

— Je suis encore capable de décider, en face d'un olibrius de votre espèce, si je me trouve devant un crétin ou non et en ce qui vous concerne, mon opinion est formelle, sergent!

— Jonathan Elscott, vous auriez tort de continuer sur ce ton, parce que je me sens capable, moi, de vous écraser comme une punaise!

Le docteur se mit à rire et ce rire désarma McClostaugh.

— Qu'est-ce qu'il vous prend?

— Rien... Je pense simplement au moment agréable que je savourerai lorsque le délirium tremens aura eu raison de votre grande carcasse et que je regarderai les infirmiers vous passer la camisole de force pendant que vous vous battrez contre les souris roses, les cafards verts et les limaces jaunes vous grimpant le long du corps!

Cette prophétie parut toucher Archibald qui regagna son fauteuil où il se laissa tomber en murmurant avec amertume :

— Tout le monde est contre moi parce que je suis né dans les Borders...

Cette plainte remua les cœurs de ces mauvais caractères de Callander. La première, Imogène céda à l'attendrissement :

— Allons, Archie, réagissez!

— Vaut mieux pas, Miss... car si je réagissais, il y aurait bientôt du cadavre dans cette pièce!

Spontanément, Miss McCarthery déboucha la bouteille de whisky qu'elle tenait serrée sur sa poitrine et la tendit à McClostaugh.

— Tenez... Prenez-en un peu pour vous remonter le moral.

Le sergent prit la bouteille et soupira :

— C'est bien pour vous être agréable, Miss...

Et, portant le goulot à ses lèvres, il vida un tiers du flacon sans reprendre haleine, sous le regard extasié du médecin.

— Bon Dieu! Archie, quelle descente! Pas possible, ce n'est pas du whisky?

McClostaugh lui passa la bouteille à fin de vérification, et Jonathan Elscott, soucieux d'éclairer sa religion, en avala une belle rasade. Le constable épiait le moment où il pourrait à son tour... Machinalement, sans trop penser à son geste, le docteur lui offrit la bouteille et Tyler s'en entonna un quart dans l'estomac avant de la rendre à sa légitime propriétaire qui, minaudant, susurra :

— Excusez-moi, gentlemen, mais j'aimerais bien y goûter!

Et, en vraie fille d'un officier de l'armée des Indes, elle assécha le flacon, qu'elle reposa délicatement sur le bureau du sergent.

— Et maintenant que nous nous sommes expliqués, si vous nous exposiez ce que vous attendez de la police de Sa Majesté à Callander, docteur Elscott?

Car tel est le privilège du whisky en son pays natal que nul ne paraissait plus se souvenir des heurts les ayant opposés, et le médecin déclara, ainsi qu'il y avait été convié :

— Mona Ardley souffrait d'arthrite chronique et avait presque perdu l'usage de ses jambes. Entre autre chose, elle dormait fort difficilement et pour essayer de calmer ses souffrances, au moins la nuit, elle prenait — sur mon conseil — une vingtaine de gouttes de laudanum au moment de se coucher. Dose qui, en aucun cas, ne pouvait mettre sa vie en danger, car une dose triple, prise en trois fois pendant vingt-quatre heures, peut être ordonnée pour les grands malades. Or, ce matin, Brian Ardley en allant saluer sa femme comme il en avait l'habitude, l'a trouvée morte. Elle avait le cœur solide et aucune maladie organique. De plus, certaines remarques faites sur son visage m'ont donné à penser au poison. Je ne veux pas entrer dans les détails que je me réserve de fournir, le moment venu, au coroner. En tout cas, sur sa table de chevet, il n'y avait que le flacon de laudanum. Je l'ai pris et envoyé au laboratoire de Perth.

— Vous pensez qu'il serait possible qu'il y ait autre chose que du laudanum?

— Peut-être...

— Et dans ce cas, que concluriez-vous?

— Que Mona Ardley, ne pouvant plus supporter sa déficience physique, s'est donnée la mort.

— Un suicide?

— Je crois que c'est en effet le mot qui conviendrait, sergent.

— A moins que quelqu'un d'autre en ait eu assez de supporter la présence d'une malade inguérissable et s'en soit débarrassé pour retrouver sa liberté!

Ils se tournèrent tous trois vers Miss Carthery qui venait d'émettre cet avis auquel ils pensaient bien un peu tous sans oser se l'avouer. Le sergent dit :

— Et dans ce cas, il faudrait penser...

Impitoyable, Imogène poursuivit l'hypothèse du policier :

— ... à celui que la présence de cette femme impotente et vieillie gênait.

Tyler murmura :

— Ce n'est pas possible, voyons!

Le docteur haussa les épaules.

— Toutes ces suppositions ne me regardent pas. A mon avis, elles ne vous regardent pas non plus, Miss McCarthery.

— Un crime est l'affaire de n'importe quel citoyen, docteur, si tant est qu'on désapprouve le meurtre, bien sûr.

— En tout cas, tant que je n'ai pas la réponse du laboratoire, je me défends d'avoir une opinion, et surtout de l'exprimer. J'estime que chacun ici devrait m'imiter. Je retourne au *Chardon écossais*, McClostaugh, car j'ai refusé le permis d'inhumer. Votre présence m'apparaît indispensable pour justifier mon attitude.

— D'accord. D'ailleurs, je me rendrai compte tout de suite s'il y a ou non quelque chose de trouble dans cette histoire.

— Ne foncez quand même pas tête baissée, sergent, avant que nous ne soyons certains que...

— Ne vous en faites pas, doc'... Pour le tact, je ne crains personne!

Lorque McClostaugh et Jonathan Elscott entrèrent dans la chambre mortuaire, ils virent d'abord Brian Ardley, les yeux rougis par les larmes, puis les Inchbare. Alison pleurait et le major, très raide, trahissait par cette raideur même son émotion. Le sergent, d'un geste, les appela tous en dehors de la pièce. Le médecin resta près du corps pour se livrer à un nouvel examen.

Dans le living-room, Archibald prit la parole :

— Je ne vous apprendrai rien en vous disant que le docteur Elscott a refusé le permis d'inhumer. Vous savez tous ce que cela signifie. La disparition subite de Mrs. Ardley ne s'explique pas par de simples causes physiologiques. Le médecin est persuadé qu'elle a succombé au poison. Si cette hypothèse est confirmée par le laboratoire, il nous restera à démontrer si Mrs. Ardley a pris volontairement ce poison ou...

Il les regarda sévèrement avant d'achever sa phrase :

— ... si on le lui a fait prendre à son insu.

Ardley répliqua vivement :

— C'est idiot!... Excusez-moi, sergent... Je veux dire que personne n'avait la moindre raison de tuer

Mona. D'autre part, nous sommes seuls à l'approcher tous les trois...

Alison Inchbare remarqua :

— Vous oubliez Neil, Brian.

— Il a dix-sept ans, c'est un gamin!

McClostaugh réclama des précisions.

— Qui est ce Neil?

— Neil Kincarley, le fils du cordonnier. Il vient ici tous les jours pour soigner les plantes de la serre et pour faire les courses que Mona lui donnait, car vous ne l'ignorez pas, elle se déplaçait difficilement et je n'étais pas toujours là.

— Qui vit encore dans cette maison?

— Eh bien, Janet Slamanan qui s'occupe de la cuisine et du ménage.

— Je la connais. Une personne respectable.

— C'est aussi mon avis.

Une fois encore, Alison apporta une précision :

— N'oubliez pas Miss McCarthery, votre adoratrice!

— Alison!...

Le marjor intervint très sèchement :

— Je m'étonne, Alison, que vous estimiez le moment propice pour plaisanter. Vous connaissez Miss McCarthery, sergent?

— Si je?... Hélas! Elle vous portait beaucoup d'intérêt, Mr. Ardley?

— A ma peinture seulement, sergent. Je n'imagine d'ailleurs pas qu'à son âge, Miss Carthery...

— Détrompez-vous! Mais nous ne sommes pas ici pour parler de cette Ecossaise aux cheveux rouges, du moins pour l'instant... Mrs. Inchbare, gentlemen, j'aimerais vous entretenir l'un après l'autre en particulier...

— Un interrogatoire?

— Non pas... une conversation privée en attendant la réponse du laboratoire. Mr. Ardley, auriez-vous un endroit où je pourrais?...

— La porte en face est celle de mon bureau. On ne vous y dérangera pas.

— Parfait... Mrs. Inchbare, puis-je vous prier de me suivre?

— Volontiers, sergent.

Quand ils se retrouvèrent dans le bureau en tête-à-tête, McClostaugh eut un bon sourire à l'adresse d'Alison.

— N'ayez pas peur, Mrs. Inchbare, tout se passera très bien!

Surprise, elle répondit :

— Mais... je ne vois pas pourquoi il en serait autrement?

Le sergent se rengorgea :

— Parce qu'interroger une lady n'est pas chose facile. Il y faut du tact, beaucoup de tact, et de ce côté, je ne crains personne. Tenez, il y a à peine un instant, Miss McCarthery me confiait :

— « Archibald McClostaugh, j'ai longtemps vécu à Londres et dans des milieux fort relevés, eh bien, jamais, je n'y ai jamais rencontré un garçon ayant autant de tact que vous! »

— Dans ce cas, sergent, vous seriez bien inspiré de donner justement des leçons de tact à cette grande haquenée écossaise, car elle en manque plutôt!

Archibald éclata de rire :

— Mrs. Inchbare, je vous remercie de votre franchise, et puisqu'il en est ainsi, je puis vous confier que cette damnée Imogène, je donnerais n'importe quoi pour la voir trépasser de peste noire, de vomito negro, de choléra, enfin de n'importe quoi dont le résultat s'affirme définitif!

— Si elle vous entendait, elle réviserait peut-être son opinion quant à votre tact, ne croyez-vous pas?

Avec le bel illogisme de son caractère écossais, McClostaugh protesta :

— L'opinion d'Imogène McCarthery me laisse froid et indifférent! Et puis, assez parlé de cette catastrophe ambulante et venons-en à nos moutons. Mrs. Inchbare, puisque nous partageons les mêmes goûts, j'y vais carrément.

— Je vous en prie... sans oublier votre fameux tact, cependant?

— Naturellement, Mrs. Inchbare, êtes-vous, oui ou non, la maîtresse de Brian Ardley?

Alison en resta le souffle court, ne parvenant qu'à bégayer.

— Ça alors... ça alors... ça alors...

Archibald se rengorgea :

— Toujours direct, c'est ma façon!

— Eh bien, sergent, votre façon est celle d'un mufle!

— Comment?

— Mais d'où sortez-vous? De quelle caverne? De quelle jungle pour vous permettre d'insulter une femme à qui... à qui vous n'avez même pas été présenté?

— Permettez, Mrs. Inchbare, permettez...

— Ça suffit! Et si vous n'étiez pas si bête, vous auriez déjà reçu ma main sur la figure!

— J'ai l'impression, madame, que vous ne m'avez pas compris!

— Vous trouvez? Mais peut-être pensez-vous m'avoir donné un échantillon de votre fameux tact?

Sous cette attaque que sa simplicité n'avait pas prévu, le policier flotta.

— Mrs. Inchbare, il doit y avoir un malentendu.

— En fait de malentendu, félicitez-vous que je n'aille pas répéter votre grossièreté à mon mari, il serait capable de vous corriger!

Archibald eut un haut-le-corps.

— Il oserait porter la main sur un policier de Sa Majesté lui, un officier?

— Et pourquoi pas quand le dit policier manque de respect à sa femme?

— Mrs. Inchbare, vous feriez mieux de m'avouer que vous ne voulez rien me dire au sujet de Mrs. Ardley, que vous ne tenez pas à me révéler un indice susceptible de me mettre sur la voie?

— Si, je vais vous en confier un...

Le sergent frétilla de plaisir.

— Vraiment?

— Vraiment! Mais vous me donnez votre parole d'honneur qu'on ne saura jamais que vous le tenez de moi?

— Je vous le jure. Alors?

Baissant la voix, Alison murmura :

— Mona Ardley n'aimait pas les cacahuètes!

Et elle sortit de la pièce, laissant McClostaugh

plongé dans une perplexité sans limites : qu'est-ce que les cacahuètes venaient faire dans cette histoire?

C'est dans cet état de prostration que le major Inchare, pénétrant à son tour dans le bureau, trouva le policier.

— Vous m'excusez, sergent, de n'avoir pas attendu que vous m'appeliez...

— Quoi? Ah! oui... Major Inchbare, vous étiez très liés avec la défunte?

— Une excellente amie, avec laquelle je m'entendais très bien.

— Mieux qu'avec son mari?

— Je crains ne pas comprendre le sens de votre question?

— Si vous étiez amoureux de Mona Ardley, il est normal que...

Inchbare se mit à rougir lentement.

— Sergent, je veux croire que vous ne prêtez pas attention à vos propos? Je vous rappelle que Mrs. Ardley était infirme!

— Soit... mais c'était peut-être elle qui était éprise de vous et, voyant que vous n'étiez pas libre, elle aura préféré se donner la mort? C'est possible, non?

Le major, dont le visage virait au violet, s'approcha :

— Est-ce que... par hasard... vous vous permettriez, Mr. McClostaugh, de vous foutre de moi?

— Jamais de la vie! En voilà une idée!

— Pas plus extravagante que l'ineptie que vous vous êtes permis de proférer!

— Je vois! Comme votre femme, vous refusez de coopérer?

— Je refuse, en effet, de répondre plus longtemps à vos questions imbéciles! Mona Ardley s'est suicidée.

— Pourquoi?

— Parce qu'elle en avait assez de la vie!

— Evidemment... mais quelles raisons particulières?...

— Ma parole, sergent, vous le faites exprès? Elle était infirme, et être infirme pour une femme encore jeune et jolie, c'est un lourd handicap. Sa volonté a dû craquer... Un instant de faiblesse, que sais-je? Pourquoi monter tout un mystère idiot autour d'un geste naturel?

— C'est votre point de vue?

— J'attends qu'on m'en démontre l'erreur. Plus rien à me demander?

— Non... Ah! si... Major Inchbare, je fais appel à votre sens du devoir pour me répondre honnêtement par oui ou par non, et sans faux-fuyant, à ma dernière question.

— Je vous écoute.

— Est-il vrai que Mrs. Ardley n'aimait pas les cacahuètes?

— Parce que vous trouvez que c'est vraiment le moment de faire le clown? Je rentre chez moi pour écrire au superintendent du Perth ma façon de penser au sujet du sergent McClostaugh!

Et, tournant les talons, raidi dans sa dignité offensée, le major Inchbare s'en fut.

Archibald en avait assez de ces poseurs qui —

d'après lui — s'ingéniaient à lui compliquer la tâche. Il appela le veuf sur un ton ne laissant rien présager de bon.

— Mr. Ardley, j'ai voulu témoigner d'un certain tact avec vos amis et cela ne m'a pas réussi. Alors, avec vous, je ne vais pas prendre de gants : qui hérite de votre femme?

— Moi, je pense.

— Beaucoup?

— Une jolie fortune, en effet. Pourquoi?

— Parce qu'on a déjà vu des héritiers impatients expédier ceux qui tardaient trop à mourir!

Ce fut si rapide que McClostaugh se retrouva par terre, les doigts de Brian autour du cou et en train de s'évanouir. Le bruit de la chute avait attiré Inchbare et sa femme qui dégagèrent le policier. Le major criait :

— Vous êtes fou, Brian?

— Si vous saviez ce qu'il a osé... le misérable!

Assis sur son séant, le regard un peu vitreux, Archibald se frottait la gorge tout en hoquetant :

— Attentat... agression... policier... exercice... fonctions... flagrant délit... travaux forcés... Je boirais bien une petite goutte...

Alison, sans rancune, versa un verre de whisky au sergent qui le vida d'un trait et s'en sentit tout ragaillardi. Il reprit une position correcte et annonça à Ardley :

— Vous, je vous emmène au poste de police. Plus la peine de vous faire du souci pour votre avenir!

Une fois encore, le major s'interposa, convainquant Ardley d'adresser ses excuses au policier qu'il pria de les accepter, en songeant que la disparition de sa femme avait troublé l'équilibre de Brian. Pas mauvais bougre, Archibald se laissa persuader et serra la main du veuf qui ne put se tenir de lui dire :

— Reconnaissez, sergent, que vous m'avez en quelque sorte demandé si je n'avais pas tué ma femme?

— Je ne vois pas ce que ma question a d'extraordinaire?

— Et si je vous avais répondu oui, qu'auriez-vous dit?

— Je vous aurais félicité pour votre franchise, puis je vous arrêtais, vous expédiais à Perth et l'affaire était terminée.

— Tous mes regrets, sergent, mais je n'ai pas tué ma femme.

— Dommage... Enfin, naturellement, pour l'enquête...

Sur ce, le docteur Elscott se présenta pour rappeler à tous qu'il y avait une morte dans la maison, et qu'il ne lui semblait pas que le raffût qu'on y menait fût compatible avec la dignité convenant à la demeure où reposait la dépouille de la maîtresse de maison.

Archibald rencontra Janet Slamanan à ses fourneaux. A la vue du policier, elle renifla ses larmes et maugréa :

— C'est pas le moment de venir m'embêter!

— Doucement, ma fille! Passe encore pour les maîtres, mais je ne tolérerai pas que les domestiques me manquent de respect, je vous en avertis!

— Qu'est-ce que vous voulez?

— Vous interroger.

— Sur quoi?

— Sur la mort de votre patronne.

— Feriez mieux de voir le docteur!

— Gardez vos conseils, je connais mon métier... Dites donc, m'avez l'air d'avoir un drôle de caractère, vous?

— J'aime pas qu'on m'asticote!

— Et Mrs. Ardley vous asticotait?

— Ça lui arrivait.

— Et vous n'aimiez pas ça, hein?

— Non, pas du tout.

— Et c'est pour cette raison que vous l'avez tuée?

McClostaugh, en dépit du whisky et de l'âge, avait conservé de bons réflexes, ce qui lui permit, par un léger mais ultra-rapide effacement de la tête, d'éviter de recevoir le pot d'eau bouillante que Janet Slamanan lui lançait à la figure. Ne s'arrêtant pas sur cet échec, la femme de charge empoigna son couteau à découper et déclara fermement :

— Je jure devant Dieu, Archibald McClostaugh, que si vous répétez cette horreur, je vous plonge ce couteau dans le ventre!

Le sergent, avant de battre en retraite, eut le temps d'invectiver le ciel, l'accusant d'avoir créé les Highlanders dans un moment de colère contre le reste du genre humain et qu'il fallait vraiment être une misérable créature pour être obligé de gagner son pain en exerçant les fonctions de policeman dans les Highlands.

Réfugié dans le bûcher, Neil Kincarley — un grand garçon boutonneux et efflanqué — pleurait toutes les larmes de son corps.

— Quelque chose qui ne va pas, mon garçon?

Kincarley faillit pousser un hurlement de terreur quand, en relevant la tête, il vit le sergent McClostaugh occuper tout l'encadrement de la porte. Paternel, Archibald s'assit à côté de lui.

— Pourquoi ce désespoir, fils?

— La pauvre Mrs. Ardley...

— Il y a longtemps que vous étiez à son service?

— Trois mois.

— Vous l'aimiez bien, hé?

— Oui.

— Alors, mourquoi l'avoir assassinée?

Neil resta muet, puis se levant péniblement, il s'en fut ramasser la hachette dont il se servait pour fendre des bûches, revint au policeman et, tout en larmoyant, lui assura d'une voix triste :

— Je suis bien désolé, sergent, mais je vais vous tuer.

Bien loin de se douter de cette réaction, Archibald était resté assis et s'offrait ainsi aux coups de ce galopin. Il tenta de se lever, mais l'autre le prévint :

— Vaudrait mieux que vous bougiez pas, sergent, parce que je risque de vous rater et vous souffririez inutilement.

McClostaugh se mit à suer à grosses gouttes

— Neil, mon garçon, vous plaisantez, j'en suis sûr!

Le gars secoua la tête.

— Non... Vous m'avez insulté... et à travers moi, tous les Kincarley... Je peux pas endurer ça ou le grand-père Angus viendrait me tirer par les pieds cette nuit et toutes les nuits à venir.

— Neil, vous n'êtes pas un mauvais garçon.

— Non, j'suis pas un mauvais garçon.

— Et je vous crois incapable de tuer un homme qui ne vous a rien fait!

— Vous avez insulté les Kincarley! Et puis, vous me croyez bien capable d'avoir assassiné Mrs. Ardley?

— Vous savez, Neil, j'ai dit ça comme ça, en passant... Vous auriez tort de vous en formaliser! Je peux même vous confier une chose : je nourris une grande estime pour les Kincarley.

— Et c'est pourquoi vous m'accusez d'avoir assassiné Mrs. Ardley?

— Ne soyez pas ridiculement entêté, Neil! Et savez-vous pour quelles raisons je ressens une sympathie particulière à l'égard des Kincarley?

— Non.

— C'est une affaire personnelle qui exige la discrétion... Excusez moi si je suis obligé de parler à voix basse... mais c'est strictement confidentiel.

Et McClostaugh se mit à parler dans un murmure. Intrigué, Neil relâcha son attention et s'approcha du sergent pour essayer d'entendre ce qu'il disait. Lorsqu'il se fut imprudemment mis à bonne portée, le point droit d'Archie se détendit comme une catapulte et Neil, atteint au menton, s'écroula d'un bloc. Le sergent regarda sa victime étendue à ses pieds et soupira :

— C'est jeune...

Puis il entreprit de ranimer le garçon dont le sang Kincarley se mit à bouillonner sitôt qu'il eut repris connaissance.

— Vous m'avez eu par traîtrise!

— Neil Kincarley, votre cas est grave, drôlement grave même. Vous avez menacé de mort un sergent de la police de Sa Majesté. Savez-vous que cela pourrait vous valoir un certain nombre d'années de prison?

— Vous avez insulté les Kincarley!

Il n'en démordait pas.

— Neil, mettez-vous bien dans le crâne que le juge se fiche éperdument de tous les Kincarley du monde!

— Alors, je tuerai le juge aussi!

— Vous êtes fou ou quoi, Neil Kincarley? Je vous conseille vivement de vous abstenir de ce genre de réflexion; car je pourrais me fâcher pour de bon et lorsque je me mets vraiment en colère, c'est terrible! Je me fais peur à moi-même, c'est vous dire... Neil, un conseil : vous seriez mieux inspiré de collaborer.

— Avec qui?

— Avec moi.

— Pour quoi?

— Pour découvrir qui a tué Mrs. Ardley, au cas où elle ne se serait pas suicidée.

— Elle ne s'est pas suicidée!

— Qu'en savez-vous?

— Elle n'avait pas du tout envie de mourir! Hier après-midi, elle m'a donné des instructions pour le jardin... Si elle avait été décidée à disparaître, est-ce qu'elle se serait souciée du jardin?

— C'est juste, quoique avec les femmes... Mais vous manquez d'expérience sur ce sujet... Neil Kincarley, je veux vous poser une question à laquelle j'espère que vous répondrez sans détour pour me montrer votre bonne volonté et que je puis compter sur vous.

— Allez-y.

— Vous êtes-vous rendu compte si Mrs. Ardley aimait ou non les cacahuètes?

Le garçon contempla soupçonneusement Archibald pendant quelques secondes avant de demander :

— Dites, sergent, vous n'auriez pas bu, par hasard?

Lorsque McClostaugh, après son enquête mouvementée et stérile chez les Ardley, réintégra le bureau de police, il y trouva le constable Tyler assis sur une chaise et se livrant aux douceurs réparatrices d'un léger somme.

— Sam!

Arraché à ses rêves, l'interpellé se dressa d'un bond.

— Chef?

— Vous dormiez, hein?

— Je... je réfléchissais, chef.

— Vous êtes un foutu menteur, Sam!

Et tandis qu'il regagnait son fauteuil, le sergent soliloquait sur sa triste destinée :

— Et voilà comment je suis secondé... Je me crève dans une enquête difficile et pendant ce temps, mon adjoint dort paisiblement. On pourrait m'assassiner qu'il ne bougerait même pas! Et il ose se prétendre mon ami!... C'est à vous dégoûter de l'espèce humaine!

Bourrelé de remords, Tyler tenta une excuse inutile.

— J'ignore comment cela c'est produit, chef... Je... je méditais sur les circonstances de la mort de Mrs. Ardley et... sans que j'en prenne conscience... j'ai dû m'assoupir.

— Vous n'avez pas dû, Sam! Vous vous êtes endormi au mépris du règlement! Mais le règlement, il y a longtemps que vous vous en fichez! Vous rendez-vous seulement compte qu'on fusille un soldat qui s'endort sous les armes? Et vous êtes un soldat de la justice, Sam! Pendant que vous ronfliez d'aussi scandaleuse façon, n'importe qui aurait pu entrer et dévaliser le bureau?

— Pour y prendre quoi?

— Là n'est pas la question!

— Excusez-moi, chef.

— Je passe mon temps à vous excuser, Sam, et pour ce que ça sert...

Soucieux de détourner la conversation, le constable chercha une échappatoire.

— Est-ce que le docteur Elscott est arrivé à une conclusion?

— Ne me parlez pas de cet âne bâté d'Elscott,

Sam, si vous ne tenez pas à me voir mourir sous vos yeux, d'indignation!

— Ah?... bon... il me semblait, d'après la réflexion de Miss McCarthery...

— Sam! vous le faites exprès? Je vous ai déjà interdit de prononcer le nom de ce suppôt de l'enfer!

— Ah?... bon... Alors, chef, comment réagit Brian Ardley après la mort de sa femme?

— Sam! je vous défends la moindre allusion à cet individu, sinon je casse tout dans cette pièce!

— Ah?... bon... Peut-être que le major Inchbare?...

— Sam! auriez-vous juré de me rendre fou? Le major Inchbare est un stupide personnage qui se prend pour le maréchal Montgomery, au moins! Evoquez son nom une fois encore et je vous mets à pied pour mauvais esprit avec un rapport circonstancié à la clé!

— Ah?... bon... En somme, il ne reste qu'Alison Inchbare dont...

— Sam! Pas un mot sur cette créature! une satanée garce si vous voulez mon opinion!

— Dans ces conditions, chef, l'enquête sera difficile.

— Elle ne sera pas, Sam; elle l'est déjà!

— Si je comprends bien, chef, vous avez eu des ennuis au *Chardon éconssais?*

— Des ennuis? Vous êtes modeste, Sam! J'ai échappé trois fois à la mort, tout simplement!

— Ce n'est pas vrai!

— Si je suis exactement votre pensée, constable

Tyler, vous accusez votre supérieur à qui vous devez respect et obéissance, de mentir?

— Mais non, chef... seulement, tout cela me paraît tellement incroyable... Pourquoi aurait-on voulu s'en prendre à vous? Sergent, êtes-vous certain que...

— Que je ne sois pas fou? Merci, Sam. Merci du fond du cœur pour la haute opinion que vous avez de moi... Ecoutez-moi, Tyler, et jugez si je suis fou ou non, comme vous avez l'amicale gentillesse de me le laisser entendre. Donc, j'arrive au *Chardon écossais* avec cet idiot d'Elscott. Nous entrons dans la chambre mortuaire. Le respect s'impose. Je salue et pendant que ce pauvre Elscott demande de rester en tête-à-tête avec la défunte, j'emmène mon monde : Brian Ardley, le major Inchbare et sa femme Alison. Je voulais les interroger un par un.

— Excellente idée, chef.

— Vous me connaissez, Sam, et vous n'ignorez pas que pour ce qui est du doigté, personne ne saurait m'en remontrer. Et bien, vous me croirez si vous voulez, mais, Mrs. Inchbare a prétendu me gifler, le major m'a promis de déposer une plainte contre moi, Brian Ardley m'a à moitié étranglé, Janet Slamanan, la femme de charge, m'a menacé de me plonger son couteau dans le ventre et Neil Kincarley, qui entretient le jardin, a prétendu m'envoyer dans l'autre monde à l'aide d'une hachette, alors, Sam, votre opinion?

— Chef, je n'en reviens pas!

— Eh bien! moi, si j'en suis revenu, c'est que quelqu'un là-haut me protège de façon particulière.

Tyler, je vous le dis en toute simplicité : j'en ai assez! Ils peuvent s'étriper, s'empoisonner, se déchirer, je ne m'en mêle plus. Ma mère ne m'a pas mis au monde pour devenir le souffre-douleur d'Highlanders arriérés ou de snobs londoniens. J'abandonne! Vous entendez, Sam? J'abandonne! Aujourd'hui, j'en ai assez! Je me repose. Vous, sortez, Tyler, accomplissez votre boulot si le cœur vous en dit, mais je vous demande, au nom de notre amitié, je vous l'ordonne en tant que votre chef, de me foutre la paix! Et quand bien même Callander brûlerait, quand bien même les hordes ennemies envahiraient notre ville, quand bien même les Russes choisiraient Callander comme objectif premier de la dernière Guerre Mondiale, je vous interdis de me prévenir! J'entends rester tout l'après-midi en tête-à-tête avec mon échiquier et une bouteille de whisky. Sur ce, Tyler, disparaissez, car votre vue me rappelle que je ne suis pas seul au monde, et je n'ai plus le courage de supporter cette idée.

Archibald McClostaugh aurait eu beaucoup moins de courage encore s'il avait pu se douter que tout Callander ne s'entretenait que de lui et d'Imogène. La mort de Mrs. Ardley n'était connue que de quelques-uns et, à la vérité, n'intéressait pas outre mesure, tandis que le mariage projeté du sergent et de Miss McCarthery bouleversait l'opinion.

En sortant du poste de police, Mrs. Sharp, rouge d'émotion, le souffle court, la tête en feu, s'était précipitée chez son amie, Mrs. Frazer, à qui elle avait conté l'incroyable nouvelle, y ajoutant force détails frisant l'indécence, mais qui n'étonnaient point Mrs. Frazer de la part d'Imogène McCarthery. Pour se remettre de l'émotion suscitée en elles par cette incroyable histoire, les deux vieilles dames s'offrirent un petit verre de sherry et, d'un commun accord, décidèrent qu'il s'avérait impossible de ne pas mettre obstacle à une union risquant de faire de l'infernale Ecossaise aux cheveux rouges, la maîtresse de Callander. Elles burent encore un peu de sherry pour affermir leur indignation et convinrent qu'il importait d'alerter au plus tôt Mrs. Plury qui leur apporterait un sérieux renfort. Chez Mrs. Plury, on tint une sorte de conseil de guerre autour d'une bouteille de porto. Au bout de très peu de temps, le sang courut plus vite dans les veines des trois veuves. Mrs. Sharp remarqua avec amertume qu'elles ne pouvaient compter sur aucun bras masculin pour tenir haut et ferme l'étendard de la révolte contre la dictature d'Imogène, les représentants du sexe mâle ayant presque tous épousé le parti de la rouquine. Il y avait bien Lowden, l'ancien maire, mais il ne dessoûlait presque plus et sa présence dans les rangs des champions de la vertu risquait de discréditer cette dernière. Quant à McPuntish, le propriétaire du *Cygne Noir,* de l'avis unanime, il sombrait dans le gâtisme. Le révérend Reginal Haquarson demeura l'ultime espoir des cohortes féminines, et bien pensantes, de Callander.

Sur le chemin du presbytère, ces dames s'arrêtèrent à l'épicerie des McGrew pour tenter d'agglutiner Elizabeth à leur troupe vengeresse. Lorsqu'il sut la nouvelle, William McGrew se voulut d'abord incrédule, mais le récit-reportage de Mrs. Sharp finit par le convaincre. Il haussa philosophiquement les épaules.

— Les femmes, même les meilleures, m'étonneront toujours... Elles ont de drôles de goûts...

Il médita un instant avant d'ajouter en se tournant vers sa femme :

— Il est vrai que lorsqu'on vous voit, Elizabeth, et plus encore quand on entend la façon éhontée dont vous vous conduisez à mon égard, on doit juger que moi aussi, j'ai eu de drôles de goûts dans ma jeunesse...

Sous l'outrage, Elizabeth McGrew rougit, blêmit, avant de se jeter en pleurant dans les bras robustes de Mrs. Plury tout en hoquetant :

— Vous... vous ententen... entendez... coco... comment il parle à celle à quiqui... il est tutu... uni pour le meilleur et pour le pire?

Coiffant sa casquette, McGrew souligna :

— Pour le pire, Elizabeth, surtout pour le pire!

Et paisiblement, il gagna la porte. Sa femme s'arracha à l'étreinte protectrice de son amie pour hurler :

— William McGrew! Où allez-vous?

— Boire un coup chez mon ami Ted Boolitt.

Mrs. McGrew souffla de mépris.

— Votre ami!

— Eh! oui, lui aussi a une femme qui ne vaut rien, ça fait que nous sommes sur un pied d'égalité.

Lorsque le bruit des pas de l'épicier se rendant

au *Fier Highlander* se fut éteint, Mrs. Sharp, Mrs. Frazer et Mrs. Plury tinrent à assurer Elizabeth de leur affection et de leur compréhension en une si horrible occasion. Puis, incontinent, elles la plaignirent de n'avoir pas eu leur chance conjugale et, en un chœur alterné à trois voix, elles chantèrent le los des gentlemen dont elles portaient le nom, mangeaient les économies et à qui elles avaient rendu la vie tellement impossible qu'ils avaient préféré quitter sans regret une existence ne les intéressant plus.

Au *Fier Highlander*, on commentait l'événement du jour, et les langues filaient bon train. Les uns affirmaient que Miss McCarthery les décevait un peu en épousant un flic. Les autres susurraient qu'avec McClostaugh, elle formerait le couple le plus étonnant du vieux pays. Il y eut même un abominable plaisantin pour regretter que leur âge ôtât à Imogène et Archibald l'espoir d'une progéniture, car il eût aimé garder un petit qui eût sans doute ressemblé à une carotte géante. On imposa silence à ce personnage dépourvu d'éducation, et Ted Boolitt résuma la situation en ces termes :

— Gentlemen... Tous ici, ou presque, nous sommes des amis, des admirateurs de cette fière enfant des Highlands qu'est Imogène McCarthery!

Dans le « hurrah! » qui suivit cette entrée en matière, personne ne prêta attention à Margaret Boolitt — toujours aussi terne et larmoyante — qui crachait de dégoût dans le bac où son mari rinçait les verres.

— Pour être une héroïne, Miss McCarthery n'en est pas moins femme...

Cette fois, le ricanement sceptique de Mrs. Boolitt fut nettement entendu et particulièrement par son époux. Calme et sévère, il s'enquit :

— Il m'a semblé comprendre, Mrs. Boolitt, que vous n'étiez pas de mon avis?

La haine que Margaret portait à Imogène s'avérait plus forte que sa crainte des coups que lui administrait généreusement son époux, et elle se laissa emporter à des intempérances de langage qui en choquèrent plus d'un parmi l'honorable assistance.

— Je vais vous le dire, moi, ce que c'est votre Imogène McCarthery, Ted Boolitt! Une possédée du diable! La nuit, elle doit se rendre au sabbat sur un manche à balai, et ce ne sont sûrement pas ses fesses de rat qui la gênent! Non, Ted Boolitt, votre Imogène McCarthery n'est pas une femme, mais une espèce d'être contre nature qu'on aurait dû noyer dès sa naissance! Et parce que les hommes sont plus bêtes que des moutons, ils vont derrière elle, reniflant sa sale odeur de rouquine! Quant à ce grand idiot d'Archibald, il faut qu'il ait l'esprit dérangé pour s'encombrer d'une pareille femelle! Il la connaîtra sa douleur, le sergent McClostaugh!

On estima, dans l'ensemble, que Mrs. Boolitt s'était montrée d'une vulgarité vraiment révoltante. Une femme bien élevée ne se permet point d'allusion à la partie postérieure du corps humain. De plus, une méchanceté quelque peu délirante découlait de la harangue de Margaret, sans compter que plus d'un rouquin dans l'assistance se vexa des remarques désobligeantes de la patronne du *Fier Highlander* quant à l'odeur un peu forte qu'ils étaient — d'après elle — censés de répandre. Heureusement, Ted Boolitt sauva la situation en clamant de la voix puissante du justicier :

— Soyez assurée, Margaret Boolitt, que vous, c'est tout de suite que vous allez la connaître, votre douleur!

Et incontinent, sous les yeux émerveillés de sportifs toujours prêts à admirer un exploit, Ted Boolitt administra à sa femme la plus belle raclée qui ait été infligée à une épouse rebelle par un mari outragé. Quand enfin Ted Boolitt la lâcha, Margaret — dolente et gémissante — se traîna jusqu'à la cuisine où elle s'enferma pour y cacher sa honte et son désespoir. Cependant, contrairement à ce qu'on aurait pu en attendre, ses prières vengeresses adressées au Dieu des combats ne visaient point son bourreau, mais bien Imogène McCarthery qu'elle rendait responsable de son malheur, car à Callander plus qu'en aucun autre lieu du monde, les femmes sont de nature obstinée. Aussi, lorsque Mrs. Boolitt vit passer devant sa fenêtre la troupe légère mais résolue des ennemies d'Imogène se rendant chez le pasteur, elle la héla, lui confia l'affreux traitement qu'elle venait de subir, et, renseignée sur le but de l'expédition, se joignit à elle avec enthousiasme, en sortant par la porte de derrière, tandis que son mari continuait à plaider pour Miss McCarthery.

— ... Je disais donc, gentlemen, quand j'ai dû m'interrompre pour régler un incident d'ordre privé (on admira beaucoup le tact de Ted), que nous, ses amis, ses compagnons des bons et mauvais jours, nous n'avons pas le droit de nous immiscer dans la vie sentimentale d'Imogène McCarthery. Evidemment, on peut être surpris de son choix, car le sergent McClostaugh est bien le plus prodigieux crétin qui ait porté l'uniforme de policeman mais, gentlemen, le cœur a ses raisons et pour ma part, je pense que c'est par pitié qu'Imogène épouse Archibald. Elle lui en a tant fait voir qu'elle a dû estimer qu'il méritait une compensation!

Cette remarque permit à tout un chacun de rappeler les aventures passées de Miss McCarthery. Peter Cornway, le menuisier coroner, déclara que le sergent goûterait vraisemblablement d'étranges moments. Le maire, Ned Billings, voulait établir une sorte de Pari Mutuel pour jouer sur les chances que possédait McClostaugh de survivre plus de deux ans en compagnie d'Imogène; Harry Lowden sortit de son ivresse permanente pour assurer que Miss McCarthery avait tout de la mante religieuse, ce qui provoqua une vive réplique de Ted Boolitt :

— Harry!... N'oubliez pas que vous avez déjà perdu votre place de maire par suite de la haine aveugle que vous portiez à la plus valeureuse de vos administrées! Si vous continuez à vous exprimer sur son compte en des termes aussi discourtois, vous pourriez bien, en plus, perdre quelques dents!

Lowden se leva en flageolant quelque peu.

— Et... qui donc... voudrait me... faire sauter les dents!

Keith McCallum, le père du capitaine de rugby de l'équipe de Callander, abattit sa grosse main sur l'épaule de Lowden qui, sous le poids, retomba sur sa chaise.

— Calmez-vous, Harry... Vous finirez par avoir des ennuis.

C'est alors que Leonard Elroy — le vieux mari de la vieille gouvernante de Miss McCarthery — quitta le *Fier Highlander* pour se hâter de retrouver sa femme, afin de lui annoncer la nouvelle et s'indigner qu'elle n'ait pas été la première informée.

Profitant de l'ordre reçu, le constable Samuel Tyler passa la plus grande partie de l'après-midi à la pêche, tandis qu'Archibald McClostaugh jouait seul aux échecs, se récompensant de chaque offensive victorieuse par une lampée de whisky. Sur les six heures du soir, le sergent, aux limites de l'ivresse, se jugeait un des meilleurs joueurs que le monde ait connu. Les fumées de l'alcool lui obscurcissant l'intellect se dissipèrent soudain lorsqu'il entendit, venant de la rue, le bruit d'une troupe en marche. Il prêta l'oreille et se dressa quand il comprit que cette troupe s'arrêtait devant la porte du poste de police. Bientôt, le révérend Haquarson entrait, l'air encore plus grave que de coutume. Archibald, que le whisky absorbé à forte dose douait d'une certaine sociabilité, l'accueillit avec bonne humeur.

— Hello! Révérend... on vient bavarder avec l'ami McClostaugh?

Mais Reginald Haquarson ne se dérida point. Sévère autant que solennel, il apostropha le sergent.

— Archibald McClostaugh, nous avons vu le jour, vous et moi dans les Borders. Nous sommes, vous et moi, en but à l'hostilité plus ou moins dissimulée des Highlanders...

Le sergent soupira :

— A qui le dites-vous!

— Ces points communs me permettent-ils d'affirmer que vous êtes mon ami comme je suis le vôtre?

— Sans aucun doute, révérend.

— Admettez-vous, Archibald McClostaugh, que le devoir premier d'un ami est de mettre l'ami en garde contre ses erreurs?

— D'accord!

— Dans ces conditions, permettez-moi de vous rappeler qu'il a été écrit : « Malheur au monde à cause des scandales! Ils sont inévitables; mais malheur à l'homme qui les cause! »

— Je sais, révérend, je sais!

— Et savez-vous que notre Ben Jonson, dans *Volpone,* fait dire à l'un de ses personnages : les vices sont comme les bestiaux qui s'engraissent jusqu'à ce qu'ils soient bons pour la tuerie?

— Et alors?

— Et alors, sergent McClostaugh, c'est un ami qui vous l'affirme : vous êtes bon à tuer!

Archibald s'attendait à tout, mais quand même pas à ce que le révérend Haquarson fît chorus avec ceux qui, depuis le matin, s'entêtaient à vouloir l'envoyer dans l'autre monde.

— Elle est forte celle-là! Et vous osez évoquer notre amitié?

Réginald Haquarson se dressa, prophétique.

— En vérité, je vous le dis, Archibald McClostaugh, vous vous apprêtez, en cédant à vos désirs luxurieux, à offenser grandement le Seigneur!

— Moi?

— Vous! Car à cause de vous, le trouble s'est glissé dans le paisible troupeau que Dieu m'a confié; à cause de vous, la colère et la honte agitent des âmes sans malice!

— Mais... mais... pourquoi?

— Parce que vous voulez vous unir à l'abominable créature qui est la honte de Callander, Imogène McCarthery!

Le sergent bondit, empoigna le révérend qu'il secoua :

— Ah! Vous vous y mettez vous aussi, hein? Vous aussi vous complotez avec les autres pour me rendre maboul? Mais, tonnerre de Dieu, révérend, je ne sais pas ce qui me retient de vous casser les reins!

— A... A... A... Ar... Archi... bald... lala... lâchez-moi!...

McClostaugh abandonna le pasteur qui flageola sur ses jambes.

— Vous?... vous avez... osé porter la main sur... sur un homme de Dieu!

— Quand un homme de Dieu se conduit comme vous, il devient un homme du diable!

— Archibald... niez-vous que vous désirez épouser Miss McCarthery?

— Et comment! Vous ne pensez tout de même pas que j'ai pu arriver à mon âge célibataire pour finir dans la peau du mari d'Imogène, quand même?

— Pourtant, Mrs. Sharp...

— Elle a menti!

Mrs. Sharp, qui écoutait derrière la porte, ne put y tenir et, cédant à son indignation, bondit dans le bureau en hurlant :

— Hypocrite! Blasphémateur! Papiste!

Le sergent voulut se jeter sur elle et le révérend dut se précipiter, les bras en croix, sur son chemin pour défendre Mrs. Sharp.

— Archibald! Calmez-vous!

— Je me calmerai quand j'aurai tordu le cou à cette vieille corneille!

Mrs. Sharp se mit à piailler, le révérend appela à la rescousse, et vainement, les protecteurs célestes dont il se croyait particulièrement bien vu, et McClostaugh jurait abominablement qu'il était disposé à mettre cette affreuse toupie femelle en un tel état que le jour du Jugement Dernier, les anges de service auraient bien du mal à retrouver ses membres épars. Sur une telle promesse, Mrs. Sharp tomba en convulsion, et les deux hommes se précipitèrent pour l'asseoir sur une chaise. Douloureux, Reginald Haquarson remarqua :

— Voyez les premiers fruits de votre récolte empoisonnée, Archibald!

— Si vous tenez à ce que je vous comprenne, parlez comme tout le monde!

— Je dis que vous avez sous les yeux votre première victime!

McClostaugh atteignait ces limites incertaines où la colère bascule dans la frénésie. Il ôta sa tunique, retroussa ses manches sur ses avant-bras musculeux et poilus en affirmant avec la froide détermination de l'homme ayant arrêté son choix :

— C'est un complot... Haquarson, vous êtes un traître. Je vais vous aplatir tout comme cette piquée!

Une fois encore revenue à elle, Mrs. Sharp hulula lugubrement, et les troupes de réserve, qui attendaient sur le seuil foncèrent. La surprise stoppa le sergent sur le chemin de ce qui aurait peut-être été un double meurtre tant la fureur l'aveuglait. Puis, tout de suite, il commença à battre en retraite, cherchant à rejoindre l'abri de son bureau pour se protéger de l'adversaire se précipitant sur lui. En tête, à cause de son volume, Mrs. Plury, flanquée à sa droite de Mrs. Frazer et à sa gauche de Mrs. McGrew. Tactique qu'auraient dû employer les Curiaces pour combattre les Horaces s'ils avaient eu le moindre sens tactique. Mrs. Boolitt, pas encore remise de la correction subie de la part de son mari jouait le chœur antique et excitait ses amies au combat. Haquarson et Mrs. Sharp connurent alors l'état d'esprit qui eût vraisemblablement été celui de Napoléon si, à Waterloo, au lieu de Blücher, il avait vu venir Grouchy. Ils se joignirent aux autres et McClostaugh comprit que tout espoir était vain. Il décida d'user des grands moyens, prit dans le tiroir son énorme revolver et le braqua sur ses agresseurs dont, à son tour, il stoppa net l'élan.

— Et maintenant, causons!

Ils causèrent.

Archibald McClostaugh n'était pas le seul à passer un moment difficile. Sitôt informée par son mari, Rosemary Elroy, en dépit de ses soixante-treize ans, était partie d'un pas de vierge guerrière vers la demeure de Miss McCarthery qu'elle venait à peine d'abandonner, son service terminé. A l'entrée de sa vieille gouvernante, Imogène, qui sommeillait, une bouteille de whisky à portée de la main au cas où elle aurait une digestion difficile, s'éveilla en sursaut.

— Rosemary? Que se passe-t-il?

Mrs. Elroy eut un coup d'œil sévère en direction de la bouteille de whisky, et Imogène rougit.

— Je... je ne me sentais pas... très bien... Je craignais de m'évanouir...

— Vous évanouir, vous? Alors même que le monstre du Loch Ness tomberait en pâmoison, vous vous résisteriez, parce que vous, Miss Imogène, vous n'avez pas de cœur!

— Rosemary!...

— Il n'y a plus de Rosemary! Vous n'êtes plus mon bébé! Vous êtes méchante et ingrate comme votre grand-père Roderick, et vous buvez le whisky comme votre papa!

— Et c'est pour me débiter ces horreurs que vous êtes remontée jusqu'ici? Cela ne pouvait-il attendre à demain?

— Non, car demain, vous ne me verrez pas.

— Pourquoi?

— Ni demain, ni les autres jours. Je quitte votre service, Miss Imogène.

— Rosemary, ce n'est pas possible?

— Je ne croyais pas non plus possible que vous me déshonoreriez!

— Qu'est-ce qu'il vous arrive, Rosemary? Vous déparlez, ma parole!

— Je déparle? Moi qui vous ai tenue si longtemps dans mes bras... moi qui vous ai lavée, dorlotée, choyée... moi qui vous sers de toutes mes forces au point de négliger mon pauvre Léonard, je suis la dernière à être mise au courant de ce que tout le pays sait déjà? De quoi j'ai l'air? On me regarde en souriant et on me dit : ce n'est pas croyable, Mrs. Elroy, que Miss McCarthery ne vous ait pas confié ses intentions, alors que vous vivez auprès d'elle constamment?

— Mais, quelles intentions, tripes du diable?

— Votre mariage avec Archibald McClostaugh!

Rassurée, Imogène éclata de rire. Mrs. Elroy s'en formalisa et fit remarquer d'un ton particulièrement pincé qu'elle ne s'attendait pas à voir Imogène se moquer d'elle après lui avoir infligé un affront dont sa réputation ne se relèverait pas.

— Mais voyons, Rosemary, me croiriez-vous folle? Me marier avec ce gorille à cervelle de grouse qu'est Archibald? Je préfèrerais me faire naturaliser anglaise!

— Alors, pourquoi raconte-t-on?...

Imogène expliqua la dernière farce jouée au malheureux sergent, grâce à l'intervention inattendue de Mrs. Sharp et Mrs. Elroy, à son tour, se mit à rire de bon cœur. Cependant, tout en s'essuyant les yeux, elle remarqua :

— Tout de même, Miss Imogène, ça n'est pas bien sérieux... Tout Callander est en révolution, et Léonard m'a dit qu'au *Fier Highlander,* Ted Boolitt vous défend contre ceux qui vous blâment!

— Eh! bien, Rosemary, je vais aller soutenir Ted et dire ma façon de penser à tous ces gens qui ont l'air de me prendre pour une demeurée!

Mrs. Elroy partit rassurée après avoir affirmé qu'Imogène était toujours son cher vieux bébé. Quant à Miss McCarthery, elle monta dans sa chambre pour célébrer son culte particulier et s'entretenir avec ses dieux lares de la sottise incommensurable du reste du monde. Elle s'adressa d'abord à son père, comme il convenait :

— Daddy... vous rendez-vous compte? Moi, la fille d'un capitaine, épouser un sergent et qui n'est même pas de chez nous!

Puis elle passa à Robert Bruce, le héros de l'indépendance écossaise, et le regardant bien en face :

— Nous sommes, vous et moi, faits pour vivre autre chose qu'une existence banale!

Enfin, elle s'arrêta devant la photographie de l'inspecteur Douglas Skinner, son fiancé disparu, et dont il lui semblait que le regard immatériel s'était chargé d'une brume mélancolique. Elle le rassura dans un sourire :

— Vous savez bien, Doug', qu'il n'y aura jamais que vous...

Puis, ragaillardie par ce contact intime avec ceux de son clan, la farouche Ecossaise mit ses grosses chausses et s'en fut, d'un pas décidé, vers le *Fier Highlander* pour rappeler quelques individus au sentiment des convenances.

Cette démarche se fût sans doute passée le mieux du monde et Ted Boolitt eût été heureux d'apprendre qu'Imogène McCarthery n'appartiendrait jamais en exclusivité à un autre, si au même moment, le révérend Reginald Haquarson n'était parvenu à convaincre McClostaugh de se rendre au *Fier Highlander* afin d'y proclamer ouvertement que cette histoire de mariage n'était rien d'autre qu'une tentative de chantage de la part d'Imogène. La troupe féminine du pasteur, assoiffée de vengeance à l'égard de Miss McCarthery, joignit ses supplications à celles de l'homme d'église. Et tous ensemble se dirigèrent, pleins d'une farouche détermination, vers le *Fier Highlander*.

Au bar de Ted Boolitt, deux hommes assis à l'écart, écoutaient, la rage au cœur, les habitués du *Fier Highlander* chanter la gloire d'Imogène McCarthery et lui souhaiter de mettre rapidement au pas son futur mari. A dire vrai, n'importe qui souhaitait n'importe quoi à l'Ecossaise du moment que ce toast devenait prétexte à libations que Ted relançait sournoisement. Les deux individus ne participant pas à l'enthousiasme général étaient Harry Lowden — l'ex-maire de Callander — que sa haine envers Imogène empêchait, pour une fois, de se soûler complètement, et McPuntish, le propriétaire de l'hôtel du *Cygne Noir,* aux yeux de qui Miss McCarthery incarnait le destin dans ce qu'il a de plus monstrueusement injuste et pervers, par suite de tout ce que cette grande fille aux cheveux rouges lui avait fait endurer(1). Ted Boolitt lâcha le verre qu'il nettoyait en voyant entrer chez lui Archibald McClostaugh, suivi du pasteur et d'une poignée de femmes, parmi lesquelles il reconnaissait, ahuri, sa propre femme officiellement passée à l'ennemi. Sa réaction fut immédiate. Sautant sur le bâton qui demeurait toujours à portée de sa main, il rugit :

— Margaret Boolitt, vous allez m'expliquer...

Mais le sergent tonna :

— Silence!

L'ampleur de la voix d'Archibald s'affirmait telle que nul ne pouvait espérer rivaliser avec lui sur ce point. Dans le silence intéressé qui suivit, McClostaugh prit la parole :

— Gentlemen!... Des bruits fâcheux me sont revenus aux oreilles! Il paraît que des imbéciles se promènent dans Callander en répétant que j'ai l'intention de me marier, ce qui est se mêler abusivement de ma vie privée, et ajoutant que j'aurais jété mon dévolu sur Miss McCarthery, ce qui est une véritable diffamation!

Ned Billings, le maire, demanda ironiquement :

— Pour elle ou pour vous?

— Pour moi, Mr. Billings! Car vouloir s'unir à

(1) Voir : *Ne vous fâchez pas, Imogène! Imogène est de retour.*

une pareille créature serait le signe d'une débilité mentale dont je ne souffre pas encore!

Ted intervint :

— Je vous serais obligé, sergent, de ne pas oublier que Miss McCarthery est mon amie!

Le révérend Haquarson se jeta fougueusement au secours d'Archibald.

— Qui se ressemble s'assemble, Boolitt! Cette femme est un perpétuel objet de scandale et vous, un pourvoyeur de l'enfer!

Boolitt n'était pas d'humeur à supporter de se faire injurier chez lui.

— Dites donc, le pasteur, je ne vous ai pas invité, hein? Alors, faites-moi le plaisir de vider les lieux et en vitesse avec vos troupeaux d'oies!

Mrs. Sharp, Mrs. Plury, Mrs. Frazer, Mrs. McGrew et Mrs. Boolitt poussèrent d'horribles cris en s'entendant publiquement comparées à ces volatiles. McClostaugh voulut les défendre :

— Attention à vos paroles, Ted!

Le pasteur monta sur une table et se mit à sermoner l'assistance pour lui dénoncer le danger de l'alcool et leur prouver que chaque verre bu les rapprochait de l'enfer. Ted estima que c'était là une atteinte indiscutable à la liberté commerciale et, sortant de derrière son bar, il empoigna le pasteur par les jambes pour le flanquer dehors, mais le sergent ne pouvait tolérer qu'on touchât à son ami et, agrippant Boolitt par le col de sa veste, il l'arracha du sol pour le rejeter contre son comptoir tandis qu'excitée au plus haut point, Margaret Boolitt hurlait :

— Tuez-le, McClostaugh! Tuez-le, ça lui apprendra à vivre!

Hors de lui, Ted, qui se préparait à foncer sur le sergent, changea d'objectif et se rua vers son épouse, mais il trouva sur son chemin la phalange des veuves et dut battre en retraite sous les coups de parapluie. Pendant ce temps, le révérend Haquarson continuait de fulminer contre les impies et les ivrognes. On ne sut jamais qui avait déclenché la bagarre. Ceux qui gardaient l'esprit un peu plus clair que les autres prétendirent avoir vu Harry Lowden se lever discrètement de sa place et botter de toutes ses forces le derrière de son successeur à la mairie de Callander, Ned Billings, qui lui tournait le dos. Billings, sous le choc, partit en avant et reçut un coup de parapluie qui ne lui était pas destiné. Ted n'était pas un gentleman — ou du moins, il l'oublia à cet instant — et gifla Mrs. Plury qui s'écroula sur Mrs. McGrew, en piaillant. McClostaugh, scandalisé par cet acte de brutalité, empoigna le maire par l'épaule, le fit pivoter sur lui-même et lui allongea un direct qui propulsa Ted jusqu'au comptoir au pied duquel il s'écroula. Harry Lowden poussa un « hurrah » qui s'étrangla dans sa gorge lorsque Peter Cornway lui cassa une bouteille de bière vide sur la tête. Keith McCallum, dont la force valait celle d'Archibald, se voulait le meilleur copain du maire, et sans prévenir personne, s'approcha de McClostaugh et lui flanqua un crochet du droit qui, de l'avis d'un connaisseur, aurait pu assommer un bœuf. Les yeux d'Archibald se révulsèrent. Il tomba sur les genoux, vacilla un instant avant de s'étaler de tout son long, le nez sur le plancher. Ils furent quelques-uns à vouloir le ficher dehors, lorsque les femmes se lancèrent contre les agresseurs. Elles travaillaient ferme du parapluie et de la chaussure. Margaret Boolitt profita de l'inattention générale et de l'évanouissement de son mari pour lui flanquer un coup de pied qui fit gémir le malheureux. Bientôt, sur le corps du sergent, il y eut un méli-mélo de femmes et d'hommes, celles-ci cherchant à griffer ceux-là, ceux-là essayant de maîtriser celles-ci. L'épicier McGrew administrait de jolies paires de gifles à son épouse Elizabeth qui, déchaînée, répliquait par des ruades et des morsures. On eût dit que Callander avait décidé de régler d'un coup toutes ses rancunes particulières, et pendant ce temps, McPuntish ranimait Harry Lowden qui, recouvrant en partie ses esprits, se sentit animé d'une fureur démentielle et sans prendre la peine de distinguer entre amis et adversaires, fonça dans le tas, cognant à droite et à gauche. Sur sa table, le pasteur continuait à citer les Ecritures.

C'est alors qu'Imogène McCarthery franchit le seuil du *Fier Highlander* et son entrée coïncida avec le retour aux réalités de Ted Boolitt qui encaissait un nouveau coup de sa femme. Son premier geste fut donc d'empoigner cette dernière et de lui flanquer une telle nasarde que la malheureuse ne fut plus qu'une chiffe molle que son époux s'en fut enfermer dans la cuisine avant de revenir se mêler à la bataille, d'un cœur nouveau.

Il appartenait au révérend Haquarson de signaler à tous l'arrivée d'Imogène. La désignant d'un index vengeur et tremblant, il fulmina :

— La voilà l'impudique! La voilà la Jézabel, mère de tous les vices! Que le ciel laisse tomber ses foudres! Que la terre l'engloutisse et la précipite aux enfers parmi les damnés!

Imogène arrivait avec l'intention de mettre aimablement les choses au point avec ses amis, mais le spectacle qui s'offrit à elle fit bouillonner son sang McGregor, et l'invective du pasteur l'emplit d'une fureur guerrière. Elle se précipita vers le saint homme pour lui apprendre la manière dont on devait parler d'une demoiselle respectable, mais Mrs. McGrew, échappant un court instant à l'étreinte douloureuse de son mari, tendit la jambe sur le passage de Miss McCarthery qui, trébuchant, s'en alla donner de tout son poids, la tête en avant, dans la poitrine de McClostaugh qui se relevait avec des lueurs meurtrières dans le regard. Tout de suite, le sergent et l'Ecossaise aux cheveux rouges comprirent que dans la bagarre générale, ils avaient leur duel particulier. Mais dès qu'ils tentaient de se redresser afin de s'expliquer une bonne fois pour toutes, ils recevaient un corps ou deux qui les aplatissaient de nouveau au sol. Ou bien, s'ils parvenaient à se mettre debout, les remous du combat les séparaient à moins que quelqu'un ne s'agrippât à leurs jambes et ne les renvoyât au plancher. Injures, malédictions, promesses sauvages se croisaient, se heurtaient dans un tumulte de blasphèmes et de plaintes. Sur sa table, prophète inspiré, Reginald Haquarson anathématisait. Ted en eut soudainement assez et, empoignant une lourde chope, la jeta de toutes ses forces sur le pasteur qui, atteint en pleine poitrine, bascula de sa tribune improvisée et, avant de s'évanouir, eut le temps de murmurer :

— J'ai senti la main de l'Ange... Tu m'as appelé, Seigneur... J'arrive!

Margaret, enfermée dans la cuisine et méditant sur le sort qui lui était promis, Ted s'arma de son bâton, bien décidé à rétablir l'ordre. Avant d'entrer en action, il examina la situation. D'abord, au centre de la bataille, une mêlée d'où surgissaient tantôt la tête de McClostaugh dont les deux yeux étaient aux trois quarts fermés par des « coquards » de tout premier ordre, tantôt la tête échevelée d'Imogène dont le visage portait de voyantes ecchymoses. Pour le reste, on ne distinguait que des jambes convulsivement agitées et des croupes oscillant comme des mongolfières prêtes à l'envol. Boolitt nota qu'assez curieusement, un parapluie quelque peu détérioré flottait sur ce magma humain sans y disparaître.

Près de la porte, McGrew avait fini par avoir raison de sa femme qui rompait le combat et s'enfuyait en titubant. Ned Billings, à cheval sur Harry Lowden, étendu sur le plancher, le bourrait de coups. McPuntish, assis par terre, le dos appuyé au mur, essayait vainement d'étancher le sang lui coulant du nez. Le révérend ne donnait plus signe de vie. Keith McCallum ayant allumé sa pipe et prit place sur une chaise en bordure de l'enchevêtrement des combattants, semblait s'amuser particulièrement et renvoyait dans le tas — d'une tape de ses grosses mains calleuses — chacun de ceux ou de celles qui cherchait à s'en extraire. Résolu à mettre fin à un scandale qui risquait de porter préjudice au renom de sa maison, Ted Boolitt allait s'élancer, lorsque le docteur Jonathan Elscott se montra sur le seuil. Un peu surpris d'abord par le tableau, il se reprit pour hurler :

— Le sergent McClostaugh est-il là?

La demande amena une suspension des hostilités. La grappe humaine se désagrégea et, de dessous le paquet, Archibald émergea à quatre pattes.

— Archibald, j'ai reçu la réponse du laboratoire. Il y avait du poison dans la potion de Mrs. Ardley. Perth envoie un inspecteur et j'ajoute, au cas où vous désireriez connaître mon opinion, que j'estime scandaleux qu'au lieu de faire votre métier, vous passiez votre temps à vous amuser comme un gosse !

Il disparut sur ces mots. Le sergent se leva, hébété, répéta deux ou trois fois :

— Amuser comme un gosse... amuser comme un gosse... amuser comme un gosse...

Il essaya, à travers ses paupières enflées, de distinguer ce qui se passait autour de lui et, subitement, il poussa une sorte de rugissement profond, caverneux et, pour tout dire, horrible.

L'écho de ce cri inhumain parvenant dans les Trossachs fit s'envoler les grouses, les renards regagnèrent leurs terriers, tout ce qui vole se hâta vers les nids supposés en danger, tout ce qui trotte se précipita vers les nichées abandonnées et Samuel Tyler, qui rêvassait, heureux de la demi-journée de repos octroyée par son chef, se redressa sur son séant, se demandant si ce n'était pas une sirène d'alarme qu'il venait d'entendre.

CHAPITRE III

Le superintendent de Perth avait dit à l'inspecteur Laggan :

— Alistair, vous allez vous rendre à Callander pour essayer d'y voir clair dans la mort de cette Mrs. Ardley. Il n'est pas douteux qu'on l'ait empoisonnée, car elle ne pouvait se mouvoir seule, donc impossibilité pour elle de se lever, de chercher du poison et de le mettre dans sa potion. Au surplus, on ne verrait pas très bien les raisons de cette manœuvre. A neuf heures du soir, avant de regagner sa chambre, la femme de charge — Janet Slamanan — a donné ses gouttes à Mrs. Ardley. Elle affirme avoir quitté sa maîtresse en excellente forme et après une courte conversation avec elle. Or, le laboratoire est formel : La malade devait être foudroyée par l'ingestion de quelques gouttes de sa potion. Conclusion : c'est entre le départ de Janet Slamanan et l'entrée dans la chambre, au matin, de Brian Ardley son mari, que le poison a été introduit dans la potion de Mrs. Ardley.

— En somme, pas de problème quant au meurtre?

— Aucun. Par contre, Alistair, il vous appartient de découvrir le meurtrier. Allez-y doucement, car vous avez affaire à des gens socialement cotés. Une gaffe serait dangereuse et pour vous, et pour moi.

— J'avancerai sur la pointe des pieds.

— Et vous ferez bien. Je suis heureux qu'Edimbourg vous ait prêté à mes services. Vous connaissez Callander?

— En touriste.

— Vous verrez, c'est une petite ville fort agréable.

— Qui est là-bas?

— De chez nous? Eh bien, c'est le sergent McClostaugh, brave garçon, mais à qui il est préférable de ne laisser prendre aucune initiative.

— Je comprends.

— Il est assisté du constable Tyler qui attend l'heure de sa retraite et souhaite ne se brouiller avec personne.

— Je vois. En somme, population calme, réservée, un tantinet méfiante, écossaise pour tout dire?

— Votre définition serait valable, inspecteur, s'il n'y avait Imogène McCarthery.

— Qui est cette personne?

— Un des êtres les plus extraordinaires que le vieux pays nous ait jamais fournis.

Et le superintendent brossa un portrait physique et moral d'Imogène qui excita la curiosité de Laggan.

— Mais ça m'a l'air d'un personnage excessivement pittoresque?

— Excessivement, Alistair... La moitié du pays se ferait tuer pour elle, tandis que l'autre moitié l'accompagnerait, en chantant des hymnes d'action de grâce, au gibet.

— En somme, une personne qu'il vaut mieux avoir avec soi que contre soi?

— Pas absolument vrai, car elle est à couteaux tirés avec le sergent MClostaugh.

— Allons bon! Mais, après tout, sir, qu'est-ce que cette Miss McCarthery a à voir dans l'histoire qui nous préoccupe?

— Rien, je suppose, mais je suis certain que vous l'y rencontrerez quand même au premier détour de l'enquête.

— Ah!...

— J'ajouterai, pour votre gouverne, Alistair, que Miss McCarthery jouit de très gros appuis à Londres. Ne m'en demandez pas la raison je l'ignore.

— Des appuis de quelle sorte?

— De celle qui peut nous créer les plus gros ennuis.

— Vu. Pouvez-vous me donner un conseil, sir?

— Puisque Miss McCarthery est un mal endémique, autant la prendre tout de suite pour alliée... Elle ne vous sera pas d'un bien grand secours, mais vous pourrez la surveiller de plus près.

Alistair Laggan, bien que né en Ecosse, avait fait toute la première partie de sa carrière à Londres et n'était venu à Edimbourg, sur sa demande, que l'année précédente, et avait du même coup découvert son pays natal. Aussi, cette promenade de Perth à Callander l'enchantait. Il roulait à faible allure, heureux de savourer la douceur de l'air, de contempler un paysage dont la sévère beauté le touchait. Il entra dans Callander vers midi et, soucieux de ne pas attirer l'attention, il arrêta sa voiture sur la petite place. Ayant refermé la porte de son auto, il contempla en souriant le calme de la grand-rue. Quelle quiétude!... Et comme il devait faire bon vivre dans cette jolie cité écossaise. Il se mit en marche à pas lents, peu soucieux de se plonger tout de suite dans le travail. Ignorant l'adresse du bureau de police, il avisa trois femmes venant à sa rencontre, trois plus de cinquante ans marchant sur un même rang et Laggan se demanda pourquoi les Britanniques à partir d'un certain âge — privées ou débarrassées d'hommes — sortent presque toujours en nombre impair : trois ou cinq. Phénomène inexplicable, mais que l'on peut constamment remarquer. Laggan, homme de tradition, aimait bien ces vieilles dames sans lesquelles le Royaume-Uni n'aurait pas grande originalité, et c'est le sourire aux lèvres qu'il les aborda en vue de les prier de lui indiquer où gîtait le sergent McClostaugh et son adjoint. Mais son sourire se figea sur ses lèvres qui s'arrondirent pour témoigner d'un étonnement incontrôlé, quand il se rendit compte que ces trois dames fort comme-il-faut, avaient les yeux au beurre noir et de drôles d'ecchymoses sur leurs visages. Et tout de suite, il s'interrogea pour tenter de deviner quelle sorte de discussion assez passionnée pour entraîner des voies de fait elles avaient bien pu avoir? Surmontant son trouble, il exposa sa requête. La plus forte des trois inconnues (qu'il ignorait être Mrs. Plury entourée de Mrs. Sharp et de Mrs. Frazer) lui répondit fort obligeamment et toutes les trois s'en furent, papotant allègrement, semblant — apparemment — ne pas se soucier des marques visibles que leurs figures offraient aux passants.

L'inspecteur, assez remué par cette rencontre, jugea bon de vider un verre afin de se remettre, au premier bar qu'il rencontra sur sa route et qui était le *Fier Highlander*. Un endroit qui lui plut tout de suite et le rasséréna. Il s'approcha du comptoir pour demander un verre d'ale, mais resta bouche bée devant les superbes « coquards » faisant ressembler la physionomie de Ted Boolitt à un steack quelque peu faisandé. Il balbutia :

— Qu'est-ce... qu'est-ce qu'il vous est... arrivé?

Le patron haussa les épaules comme s'il s'agissait d'une bêtise.

— Une discussion banale...

Alistair faillit s'étrangler avec son ale. Si une discussion banale mettait les habitants de Callander dans un pareil état, que devait donner une controverse sérieuse! Et il pensa que le superintendent en avait de bonnes avec sa définition de Callander : petit coin tranquille. Pendant que Laggan buvait, Margaret Boolitt apporta un plateau de verres propres à son mari et le policier, vacciné désormais contre toute surprise, nota que la dame semblait avoir mis son nez et le reste sous un rouleau compresseur. Ironique, il remarqua à l'usage de Ted :

— Elle a sans doute pris part à la discussion banale?

Le patron ne parut pas s'émouvoir.

— Vous savez ce que c'est, les femmes se mêlent toujours de ce qui ne les regarde pas.

L'inspecteur estima que les trois vieilles dames rencontrées avaient dû, elles aussi, se mêler de ce qui ne les regardait pas, mais il aurait bien aimé savoir sur quoi portait un débat générateur de tant de dégâts.

En se rendant au bureau de police, Laggan passant devant la mairie, jugea qu'il serait bon de rencontrer le maire pour l'avertir de son arrivée et lui exposer les buts essentiels de sa mission et, en même temps, lui soutirer quelques renseignements d'état civil sur la victime et ses proches. Le vieux bonhomme qui balayait en mâchonnant une chique et à qui il s'ouvrit de son intention de s'entretenir avec le maire, répondit :

— Ned? Il est en train de causer avec le coroner Peter Cornway à cause de l'enquête... parce que paraîtrait qu'il y aurait un crime par ici...

— Vraiment?

— Oui... une femme bien qui aurait été comme qui dirait empoisonnée... Il y a du drôle de monde, sur cette terre. Tel que vous me voyez, j'ai soixante-treize ans, eh ben, je peux me vanter que j'ai jamais fait de mal à personne! Qui c'est qui pourrait en dire autant, à cette heure? J'ai ben un peu cogné sur ma défunte dans le temps, quand elle voulait pas me laisser boire, mais ça, hein, c'est pas un crime?... Ça serait plutôt comme qui dirait une habitude...

« Une habitude », pensa le policier, qui ne semblait pas avoir disparu des mœurs des habitants de Callander s'il en jugeait par les gens rencontrés jusqu'ici.

— Alors, le maire, pas moyen de lui parler?

— Soyez pas si pressé jeune homme! Tenez, j'entends son pas juste derrière cette porte...

La porte s'ouvrit devant un grand type encore jeune, taillé en athlète, qu'accompagnait un bonhomme beaucoup plus petit. Avec une belle familiarité, le vieux balayeur interpella le maire :

— Ned, y a celui-là qui voudrait te causer...

Le policier s'avança :

— Inspecteur Alistair Laggan du C.I.D. d'Edimbourg.

Ned Billings lui tendit la main en souriant.

— Soyez le bienvenu, inspecteur, nous vous attendions.

Laggan faillit ne pas saisir la main du maire car, sidéré, il s'apercevait que le nommé Ned avait les lèvres terriblement enflées, comme si un poing s'y était écrasé dessus.

— J'espère, inspecteur, que vous allez pouvoir éclaircir très vite cette affaire que Perth semble vouloir monter en épingle sans trop savoir pourquoi.

— Un meurtre, M. le maire...

— Un meurtre, c'est bien vite dit... Je vous présente notre coroner, Peter Cornway.

Alistair ne s'étonna pas de ce que le nez du nommé Cornway fût enflé comme un concombre. Lui aussi devait aimer discuter.

Lorsque le constable Tyler sut que le gentleman s'adressant à lui était un inspecteur du C.I.D., il rectifia la position et commença à se faire du mauvais sang en se souvenant que dans son bureau, McClostaugh, en tenue très peu réglementaire, essayait de récupérer ses forces abandonnées la veille au *Fier Highlander*. Le bon Samuel tenta bien de s'opposer, sous un prétexte stupide, à l'entrée de Laggan, mais il en fut pour ses frais. L'inspecteur ne distingua pas tout de suite McClostaugh et se demandait quelle interprétation donner à cette masse blanche affalée sur le bureau avec de larges taches rousses. Il s'approcha et cria :

— Sergent McClostaugh!

Archibald, ayant cherché l'oubli de ses misères dans le whisky, il lui fallut un certain temps pour se réveiller, et quand il le fut, il commença par beugler qu'il n'entendait pas qu'on le dérange et qu'il se sentait tout disposé à boxer toute personne émettant l'intention de venir l'embêter. Intrigué par ce géant dont la barbe rutilante l'impressionnait, Laggan aurait bien voulu comprendre pourquoi le sergent n'ouvrait pas les yeux. Le constable, essayant d'éviter gaffes et bévues à son supérieur, clama :

— Sergent!

— La paix, Tyler! Ou je vous fais révoquer pour cruauté mentale!

— Sergent... C'est l'inspecteur du C.I.D.!

— Hein?... l'ins... Où est-il?

McClostaugh se leva lentement, renversant la tête en arrière. Alistair se mit en face de lui.

— Si vous vouliez bien ouvrir les yeux, s vous me verriez.

— Et qu'est-ce que vous croyez donc que j'essaie de faire?

Et Laggan dut se rendre compte que le sergent McClostaugh avait les deux yeux aux trois-quarts fermés par suite d'hématomes dont l'origine ne prêtait pas du tout à confusion. Archibald finit par repérer son interlocuteur.

— Excusez-moi, inspecteur, mais hier soir... j'ai eu une discussion...

— Banale?

— Pardon?

— Sergent, bien qu'Ecossais, je n'ai guère vécu dans les Highlands et j'avoue ne pas me souvenir exactement de toutes les mœurs et coutumes de notre pays. Je ne pense pourtant pas que le pugilat soit devenu une habitude courante?

— Je vais vous expliquer...

Alistair lui coupa la parole.

— Le superintendent m'a assuré que Callander était une ville charmante où l'on goûtait une quiétude incomparable...

Archibald eut un soupir fantastique et gémit :

— C'était vrai avant...

— Avant... quoi?

— Avant qu'elle ne soit revenue ici à demeure!

— Qui?

— Imogène McCarthery!

Et comme si de prononcer le nom de son ennemie le dotait d'un pouvoir incantatoire inépuisable, Archibald McClostaugh, sergent de la police de Sa

Gracieuse Majesté, se mit à vaticiner sur les malheurs de Callander. Alistair Laggan crut entendre Cassandre hululant sur les ruines de Troie. Il raconta tout des aventures d'hier, et les perfidies d'aujourd'hui, et lorsqu'enfin, il arriva au bout de ses plaintes et de ses fureurs, il offrait un spectacle assez émouvant avec sa barbe dépeignée, ses paupières enflées et les jaunes, les bleus, les verts — traces des coups encaissés sans en connaître l'origine — et qui, sur le rouge brique de sa couleur naturelle, composaient une palette aux nuances agressives. Laggan, ne sachant pas s'il devait rire ou se fâcher, conclut :

— Et c'est pour cela aussi, sans doute, que j'ai rencontré trois dames apparemment respectables, mais dont les visages portaient des traces ne cadrant pas avec leur respectabilité supposée... que j'ai bu un verre auprès d'un patron de bar qui semblait avoir disputé un combat en quinze rounds avec un boxeur poids lourd, et dont la femme donnait l'impression d'avoir eu la figure coincée sous un bulldozer? que je me suis entretenu avec le maire et le coroner qui semblaient revenir d'une réunion de catch et que je trouve le représentant de la police dans un état aussi piteux?

— Exactement, inspecteur.

— Mais que faisait donc le constable pendant ce temps-là?

Avec cette honnêteté qui le caractérisait, Tyler répondit simplement :

— J'étais à la pêche, inspecteur.

— Vous avez l'air tous les deux de nourrir de

singulières idées sur la façon de maintenir l'ordre à Callander, non?

Peter Cornway, ayant troqué sa tenue de menuisier contre celle, plus solennelle, de coroner, menait les débats de l'enquête préliminaire sur la mort de Mrs. Ardley. On entendit le docteur Elscott affirmer que l'empoisonnement ne laissait aucun doute et qu'il s'agissait pour le jury de décider si l'on se trouvait en présence d'un suicide ou d'un meurtre. Cornway assura le médecin qu'on allait s'y employer de son mieux. L'audition de Brian Ardley retint l'attention de tous. Brian déclara qu'il ne comprenait absolument pas ce qu'il s'était passé. Lorsqu'il avait quitté sa femme, elle lui avait paru de fort bonne humeur. Le coroner insista :

— Elle ne vous a pas donné l'impression que quelque chose la préoccupait?

— Absolument pas.

— Donc, pour vous, ce serait une erreur que d'envisager le suicide?

— Je le crois.

Le major Inchbare révéla qu'il était assez lié avec Mrs. Ardley pour qu'elle se fût ouverte à lui de soucis hypothétiques. Jamais elle ne lui avait laissé entendre qu'elle souhaitait disparaître. Au contraire, elle semblait tenir beaucoup à la vie que la réussite artistique de son mari enjolivait. Mrs. Inchbare confirma les dires de son époux.

Pendant ces dépositions, l'inspecteur, assis dans le public, regardait autour de lui et s'amusait à compter le nombre de figures tuméfiées que ses yeux pouvaient repérer. Une population paisible, avait dit le superintendent.

Lorsque le coroner, résumant les débats, déclara que la défunte recevait fort peu de monde, et même personne — si l'on en croyait les dires de la femme de charge — à part les Ichbare, il appela le sergent McClostaugh pour lui demander si le passage de quelque vagabond avait été signalé dans les parages du *Chardon écossais*, bien que Peter Cornway avoua ne pas voir pour quelles raisons un vagabond aurait tué Mrs. Ardley, puisque rien n'avait été volé. Au surplus, le poison n'était pas une arme de vagabond et l'emploi du poison supposait de plus une parfaite connaissance des lieux, voire une certaine familiarité avec la victime. Néanmoins, pour ne rien laisser au hasard, le coroner estimait de son devoir de requérir l'opinion de McClostaugh quant à un vagabond que nul n'avait rencontré, du moins à sa connaissance. Ses paupières tuméfiées obligeaient Archibald à redresser et la tête et le torse, ce qui lui donnait une allure solennelle. Laggan ne put s'empêcher de rire en voyant face à face le sergent et le coroner aux visages meurtris. Il s'interrogea pour essayer de deviner s'ils s'étaient rangés dans le même camp ou s'ils s'étaient distribués les horions dont ils portaient les traces. Rien qu'au ton de Peter Cornway, Laggan comprit qu'il n'aimait point McClostaugh.

— Sergent, nous savons tous à Callander combien vous mettez de zèle à faire votre métier et je suis sûr, personnellement, que si quelqu'indésirable s'était glissé dans les alentours du *Chardon écossais*, il n'aurait pas échappé à l'acuité d'un regard pour l'heure légèrement obscurci?

On rit dans l'assistance et Archibald flamba :

— Dites donc, espèce de...

— Espèce de quoi, sergent?

McClostaugh devinant l'embûche, se tut.

— Allons, voyons, sergent, précisez votre pensée? Tout le monde ici serait heureux de connaître votre opinion sur le coroner?

L'inspecteur avait vu pas mal de phénomènes dans son existence de policier, mais jamais encore il n'avait assisté à une enquête préliminaire tenue dans ces effarantes conditions.

— Vous préférez observer un silence prudent? Vous avez bien raison, Archibald McClostaugh, et permettez-moi de vous dire que vous seriez bien inspiré d'observer la même conduite quand il s'agit — en dehors de vos activités — de juger vos compatriotes.

C'était l'écrasement de McClostaugh, une défaite publique, sans appel, et le clan ennemi se réjouit bruyamment. On entendit, perçant le tumulte, une voix claironnante crier :

— Bravo, Peter! Ça c'est parler!

Laggan essaya vainement de distinguer l'auteur de cet encouragement que le coroner sembla fort apprécier, au point de se lever et de saluer. Et puis, McClostaugh ne put en supporter davantage.

— Et vous estimez peut-être que vous remplissez honorablement vos fonctions en insultant un représentant de la police devant ses concitoyens?

Cornway, qui ne s'attendait plus à une quelconque réaction de la part du sergent, flotta un peu, ce dont Archibald profita pour accentuer son avantage.

— Voulez-vous que je vous dise, Cornway? Vous êtes un pauvre type!

Devant ce retournement de situation, les ennemis d'Imogène reprirent du poil de la bête. Harry Lowden se dressa pour crier :

— Allez-y, Archie, nous sommes avec vous!

Le coroner essaya d'imposer silence au sergent, mais il ne put rien contre la tempête déchaînée par ses soins.

— En vous conduisant comme vous le faites, Peter Cornway, vous portez atteinte à la dignité de votre état de coroner et je déposerai une plainte contre vous pour abus de pouvoir!

Puis, reprenant l'assistance à témoin, McClostaugh clama :

— Et savez-vous pourquoi il se conduit comme ça, Peter? Pour faire plaisir à cette sacrée garce aux cheveux rouges!

Là, il y eut un instant de stupeur qui se traduisit par un silence prolongé, intriguant Alistair Laggan. Démonté par ce silence subit, McClostaugh réalisa pleinement le sens de ses paroles. Il cherchait vainement une formule susceptible d'atténuer la verdeur de son propos, lorsqu'on demanda calmement, mais avec assez de force pour être entendu de toute la salle :

— Et si vous nous donniez quelques précisions sur l'identité de cette garce à cheveux rouges, Archibald McClostaugh?

Un frisson parut courir dans le public, et l'inspecteur devina qu'il était sur le point d'assister à quelque chose de pas banal. Le sergent bafouilla :

— C'est-à-dire, Miss... que je... enfin que je ne...

— C'est-à-dire que vous n'avez pas le courage de dire à haute et intelligible voix que c'est à moi que vous vous permettiez de faire aussi grossièrement allusion, Archibald McClostaugh?

Et du moment où elle prononçait cette remarque pleine de menaces, Imogène se leva de sa place et s'avança vers le sergent inquiet, tandis que le coroner arborait un sourire confiant. Laggan sur alors qu'il voyait enfin cette fameuse Miss McCarthery. Il fut tout de suite impressionné par sa taille, son allure décidée, la couleur de ses cheveux et son œil droit fermé par un bel hématome.

— Eh bien! moi, Archibald McClostaugh, je ne crains pas d'affirmer devant l'honorable société que vous êtes un damné imbécile et un grossier personnage!

La majorité éclata en applaudissements et Laggan médita sur le respect que la population de Callander professait à l'égard de la police. Le sergent, complètement perdu, tenta une parade inutile.

— Je ne vous permets pas... ma dignité... le respect de mon uniforme...

— Parlons-en du respect de votre uniforme! Vous n'y songiez guère hier quand vous vous traîniez à mes pieds en m'adressant d'ignobles propositions!

— Oh!!!

— A ce moment, je n'étais pas une garce à cheveux rouges, McClostaugh, et si j'avais cédé à vos supplications éhontées, vous parleriez de moi en d'autres termes! Vous traduisez bassement votre dépit, McClostaugh, et Callander vous juge avec mépris!

Laggan, effaré, ne pouvait admettre qu'il y eût le moindre mot de vrai dans toute cette histoire, mais, en connaisseur, il admirait l'époustouflant culot de Miss McCarthery. Une maîtresse femme, et le superintendent avait eu raison au moins sur un point : il valait mieux l'avoir avec soi que contre soi. Il se promit, incontinent, d'aller la visiter. Ecrasé par la mauvaise foi de son adversaire, l'esprit du sergent allait à la dérive et pour ne rien perdre de l'avantage acquis par son alliée, le coroner, après avoir brièvement consulté ses assesseurs, rendit un verdict de meurtre par une ou plusieurs personnes inconnues et leva la séance.

Alistair Laggan aurait dû être profondément choqué. Contrairement à tout ce qu'on lui avait appris à respecter, et qu'il respectait dans l'exercice de l'autorité de la justice. Il assistait à une sorte de « comedia dell'arte » où chacun tenait le rôle qui lui convenait, les deux principaux emplois semblant réservés à Miss McCarthery et au sergent McClostaugh. Une femme était morte dans des circonstances mystérieuses, dont le moins qu'on en pouvait dire, c'est qu'elles laissaient peser de bien lourds soupçons sur ses proches, un homme jeune et brillant risquait de se voir condamner au gibet, et malgré cela, Callander — le coroner en tête —

se passionnait bien davantage pour les querelles McCarthery-McClostaugh que pour la recherche et le châtiment du meurtrier. Oui, en vérité, le policier honnête, consciencieux, appliqué, qu'était Laggan aurait dû être choqué, mais... il ne l'était pas. Au contraire, il lui semblait retrouver une seconde jeunesse en pénétrant dans cet univers de Callander où les événements — si paradoxale que puisse apparaître cette affirmation — n'avaient que l'importance qu'ils méritaient. Pour Callander, la rivalité d'Archibald et d'Imogène constituait une source inépuisable de distraction, tandis que la disparition de Mrs. Ardley...

Cependant, Alistair Laggan se rendait parfaitement compte qu'il n'était pas venu à Callander pour prendre des vacances, mais bien pour rechercher le meurtrier d'une infirme. C'est pourquoi, en quittant la salle de la mairie où avait eu lieu l'enquête plus qu'originale du coroner, il s'était rendu au poste de police pour y retrouver le sergent McClostaugh qui, tout de suite — sa fureur non encore calmée — fit appel à son témoignage :

— Vous avez entendu comment elle m'a traité?

— Il me semble que c'est vous, sergent, qui l'avez attaquée et en des termes fort discourtois, non?

— J'ai dit la vérité!

— Elle aussi.

— Quoi?

— Du moins, sa vérité... Maintenant, McClostaugh, il faudrait tout de même prendre conscience que vous êtes au service de la Couronne pour autre chose que jouer à la petite guerre avec Miss McCarthery. Nous avons un criminel ou une criminelle à démasquer, et des plus lâches, car s'en prendre à une malade... Enfin; inutile de s'étendre là-dessus. Parlez-moi de ces gens qui vivent au *Chardon écossais* et de leurs amis.

Archibald parla de Mrs. Ardley, de son mari Brian, de ses démêlées avec ce dernier comme avec Janet Slamanan, la femme de charge, et Neil, le garçon à tout faire de la maison. Il parla du major Inchbare et de sa jeune femme Alison qui, tous deux, l'avaient traité avec une désinvolture qu'il ne s'attendait pas à trouver chez un ancien officier, mais qui ne l'étonnait pas de la part d'une ex-girl de music-hall.

— Attention, sergent! Vous glissez vers la médisance. J'ai le sentiment que vous n'avez nul besoin de vous créer encore une ennemie de plus. Jamais rien eu à dire sur ces gens-là?

— Jamais.

— Tout ce monde s'entendait bien?

— A ce qu'il paraît.

— Alors, vous n'avez pas la moindre idée de celui ou de celle qui aurait pu faire le coup?

— Si.

— Ah?

— Mais je crains, inspecteur, que vous ne me jugiez de parti-pris.

— Allez toujours...

— Imogène McCarthery.

— Vous vous fichez de moi?

— Je ne me permettrai pas!

— Alors, expliquez-vous, et vite!

— Miss McCarthery fréquentait chez les Ardley... A titre d'ex-Londonienne à ce qu'elle prétendait, mais en vérité, parce qu'elle était, parce qu'elle est encore amoureuse de Brian Ardley!

— Si c'est une plaisanterie, sergent, je vous avertis que...

— Mais, vous ne la connaissez pas, inspecteur! C'est une goule! Une vamp!

— Je me figurais les vamps sous un autre aspect et pourvues d'un peu plus de charme physique, si vous voyez ce que j'entends par là?

— C'est une créature rapace!

— Je m'étonne de l'entendre jugée de cette façon, surtout par vous...

— Et pourquoi donc?

— Parce que si j'en crois les accusations qu'elle vous a lancées tout à l'heure, il y a des moments où vous ne la trouvez pas tellement digne de mépris?

— Mais c'est un mensonge horrible! Jamais... moi... jamais... Imogène... non, mais vous vous rendez compte? C'est une malade! Une demi-folle! Le célibat lui remonte à la tête! Brian Ardley est encore jeune, beau, plein de talent... Marié à une femme infirme qui n'est plus une rivale, Imogène McCarthery s'illusionnant, peut avoir pensé que Mrs. Ardley disparue, rien ne s'opposerait plus à son union avec Brian... sans compter qu'il héritera un joli magot.

— Vous croyez réellement que Miss McCarthery a pensé à l'argent aussi?

— Elle est Ecossaise, inspecteur!
— Et vous?
— Moi aussi, quoiqu'ils prétendent le contraire!
— Qui?
— Les autres!
— Quels autres?
— Tous ces foutus Highlanders!

Et Archibald expliqua qu'étant né dans les Borders, il était considéré comme un étranger et par suite, digne d'aucune considération.

— Ecoutez, sergent, toute votre histoire est bien attendrissante, j'en conviens, mais on ne m'a pas envoyé ici pour vous consoler. Il y a eu crime et seul le crime m'intéresse. Je dois mettre la main au collet de la personne qui a glissé du poison dans le flacon de Mrs. Ardley. Le reste ne me regarde pas et je voudrais que vous partagiez mon point de vue. Vos querelles avec Miss McCarthery semblent vous troubler le jugement, ce dont le ou la vraie coupable risque de profiter, et cela, je ne le tolérerai pas, que ce soit bien entendu, n'est-ce pas?

— A vos ordres, inspecteur.

— Avec votre constable, vous allez vous efforcer de m'établir un emploi du temps aussi serré, aussi précis que possible de Mr. Ardley, des Inchbare, de la femme de charge et du garçon s'occupant du jardin. D'après ce qu'a dit le docteur au coroner, Mrs. Ardley a été empoisonnée avec un produit arsénieux et fatalement, on pense tout de suite aux produits employés dans le jardinage pour se débarrasser des rongeurs.

— Et donc à Neil Kincarley!

— Ne sautez pas immédiatement aux conclusions, sergent, je vous en prie!

— Inspecteur, ce meurtre, s'il n'a pas pour auteur Imogène McCarthery, doit avoir une raison sordide. Moi, je pense à une vengeance ou de Janet Slamanan ou de Neil Kincarley. Car Brian Ardley aimait beaucoup sa femme à qui il devait sa position actuelle de peintre coté. Il gagne pas mal d'argent et paraît se plaire beaucoup à Callander qu'il ne quitte jamais, sauf pour de courts séjours à Edimbourg. Il se rend à Londres tous les trimestres pour voir ses marchands. J'ignore, évidemment, le contenu du testament de Mrs. Ardley, mais on ne comprendrait pas que Brian Ardley ait risqué la potence pour pouvoir dilapider la fortune de sa femme qu'il avait à sa disposition. Quant aux Inchbare, l'absence de motif les met pratiquement hors de cause.

— Si je suis votre idée, sergent, pour quelles raisons l'un des deux domestiques aurait-il détesté Mrs. Ardley au point de la tuer?

— Pas forcément détesté, inspecteur.

— Je ne comprends pas?

— Si Janet Slamanan, qui a un caractère exécrable — elle m'a menacé de son couteau lors de l'interrogatoire que je lui ai fait subir — peut très bien avoir difficilement supporté une malade dont l'humeur était peut-être pénible, Neil Kincarley lui était amoureux de sa patronne.

— Qu'est-ce que vous me chantez là?

— C'est comme je vous le dis, inspecteur. Il me

l'a quasiment avoué avant de prétendre me fendre le crâne à coups de hachette!

— Sergent, j'ai de plus en plus l'impression que l'exercice de votre métier n'est pas de tout repos à Callander?

— C'est ce que j'avais l'honneur de vous expliquer tout à l'heure, inspecteur.

— Et vous laissez en liberté des gens qui vous menacent ou qui portent la main sur vous?

Archibald McClostaugh eut un soupir désabusé.

— Je ne peux mettre la moitié de la population de Callander en prison, inspecteur... Pour en revenir à Neil, c'est une sorte d'émotif passionné. S'est-il raconté des histoires? Son attachement pour Mrs. Ardley a-t-il donné naissance à une jalousie morbide? Lui a-t-il fait part de son amour et repoussé, en a-t-il conçu une haine le poussant au crime? C'est possible...

— Bon... Nous verrons tout cela de plus près. Faites ce que je vous ai commandé, sergent, et le plus tôt sera le mieux. Pour moi, je vais rendre visite à Miss McCarthery.

— Méfiez-vous, inspecteur!

— Rassurez-vous, sergent, moi aussi je suis Highlander!

Quand Mrs. Elroy ouvrit la porte du petit jardin à Laggan et qu'elle sut sa profession, elle retint difficilement un gémissement. Tout recommençait! Chaque fois que ces gentlemen de la police venaient s'entretenir avec Imogène, cela comportait une série de complications qui bouleversaient la vieille gouvernante de Miss McCarthery. Cette dernière reçut Alistair dans son living-room. Avant même que l'inspecteur ait ouvert la bouche, elle attaquait :

— Je vous ai vu à l'enquête préliminaire... J'espère que vous ne vous en laisserez pas conter par ceux qui, par crainte de voir leur petit traintrain modifié, n'hésiteraient pas à transformer un crime en suicide!

— Le verdict du coroner doit vous donner tous apaisements à cet égar, Miss.

— Je ne dis pas, inspecteur, mais quand on sait que la police est, ici, entre les mains d'incapables!...

— Je pense que vous faites allusion au sergent McClostaugh?

— Exactement! C'est le plus formidable crétin que la terre d'Ecosse ait jamais produit! Heureusement qu'il est né sur la frontière de notre pays... On peut se consoler en supposant que c'est par accident.

Laggan jugea cette femme hors série tant par son physique que par sa véhémence, sans compter son œil gauche fermé et boursouflé. Il ne put se priver du plaisir de l'interroger à ce sujet.

— On dirait que vous avez eu un accident, Miss?

— Si on veut... Je suis tombée sur un poing qui ne m'était pas particulièrement destiné.

— Ce ne serait pas celui de McClostaugh, par hasard?

— Si... mais je lui ai largement rendu la monnaie de sa pièce!

— Je m'en suis rendu compte... Pardonnez-moi,

Miss McCarthery, mais ne serait-il pas plus sage de collaborer avec le sergent au lieu de vous opposer?

— Collaborer avec McClostaugh? Autant travailler avec un âne! Et encore, celui-ci peut-il au moins vous rendre le service de vous porter.

— Et à moi, accepteriez-vous de me donner votre appui?

— A vous? Très volontiers...

— Je vous en remercie infiniment, Miss... Vous étiez des familiers des Ardley, paraît-il?

— Familier, n'exagérons rien... Mrs. Ardley se distrayait en ma compagnie... infirme, elle ne pouvait guère se déplacer et lorsque Brian... enfin, son mari, était occupé à peindre, je le remplaçais pour pousser le fauteuil roulant de la malade... Je l'amusais en lui racontant les potins de Callander...

— Mrs. Ardley était-elle d'humeur autoritaire?

— Elle? La pauvre chère créature... Un agneau... D'ailleurs, si elle avait été comme vous le supposez, nous ne nous serions guère entendues...

Alistair approuva cette remarque, admettant que pour tolérer Imogène près de soi, voire pour rechercher sa compagnie, il fallait vraiment être d'un caractère plus qu'aimable. Il feignit cependant la surprise.

— Vous m'étonnez, Miss, car McClostaugh a bâti toute une théorie basée sur le côté autoritaire, cassant, de Mrs. Ardley.

— Je vous ai déjà expliqué, inspecteur, que McClostaugh s'affirmait le plus solennel imbécile du comté!

— Il prétend que Janet Slamanan aurait pu se

venger de rebuffades sans nombre en empoisonnant sa maîtresse sur un mouvement de colère?

— Complètement idiot! Janet est une fille particulièrement dévouée que la disparition de Mrs. Ardley a plongée dans un chagrin sincère.

— Et Neil Kincarley?

— Neil? Aucun intérêt... Il est à l'âge ingrat... ce n'est plus un gosse et pas encore un homme.

— Le sergent estime qu'il aurait pu être amoureux de Mrs. Ardley.

— Amoureux de?... Mais où va-t-il chercher des idées pareilles? Voulez-vous mon opinion, inspecteur? Archibald est un obsédé sexuel! Et il prête aux autres ses désirs dégoûtants! Je me demande comment il se fait qu'on le tolère encore dans les rangs de la police! Enfin, il est vrai que depuis que nous sommes réduits en esclavage, on ne saurait s'étonner de rien!

— Excusez-moi, mais... je ne vous suis pas très bien?

— Vous êtes Ecossais, n'est-ce pas?

— Et je m'en flatte, Miss!

— Dans ce cas, vous conviendrez avec moi que depuis que les Anglais ont assassiné Mary...

— Mary?

— Mary Stuart, voyons!... nous ne sommes plus libres... On nous méprise, on nous moque et ces bâtards de Saxons et de Normands se croient tout permis avec nous! Ah! si Bonnie Prince Charlie avait gagné à Culloden, ç'aurait été autre chose! Mais, je suppose que nous ne pouvons que supporter le poids de l'histoire en espérant que viendra l'heure où nous pourrons en modifier le cours !

Quelque peu abasourdi, Alistair s'enquit, incrédule :

— Voulez-vous me laisser entendre que vous aspirez à la chute de la reine d'Angleterre?

— De celle qui se prétend reine de Grande-Bretagne! Pour moi, il n'y a, il n'y aura jamais qu'une reine : Mary Stuart!... Maintenant, si les Anglais veulent garder leur Elizabeth, c'est leur affaire, pourvu qu'ils nous fichent la paix!

— Je vous demande pardon, Miss, avez-vous déjà été en Europe?

Et très simplement, Imogène répondit :

— Je n'ai jamais été attirée par les pays exotiques.

Laggan avala précipitamment le whisky que Miss Carthery avait généreusement versé dans son verre.

— Miss, je suis enchanté d'avoir fait votre connaissance... Mais, je ne dois pas oublier que j'ai un problème à résoudre : trouver qui a mis du poison dans la potion de Mrs. Ardley.

— Un problème facile, inspecteur.

— Vous trouvez?

— Si l'on veut se donner la peine de réfléchir et surtout, quand on a vu ce que j'ai vu.

— Ah?... serait-il indiscret de...

— Pas du tout. Si vous n'étiez pas venu jusqu'ici, c'est moi qui serais allée à vous.

Et Miss McCarthery raconta à Laggan la scène surprise entre Alison Inchbare et Brian Ardley Quand elle eut terminé, l'inspecteur conclut :

— Evidemment, ce sont là de sérieux indices.

— Plus que des indices, des preuves! Sans doute, Brian Ardley a-t-il versé le poison, mais le cerveau de l'affaire, c'est Alison, cette damnée petite Anglaise!

— Pour la police, si la chose est démontrée, c'est quand même Ardley qui ira à la potence.

— J'espère que non. En tout cas, il faudra que l'autre l'accompagne.

— Vous n'aimez pas beaucoup Mrs. Inchbare, à ce qu'il me semble?

— Je déteste ces petites bonnes femmes qui ne pèsent même pas cent vingt livres et qui, pour acquérir des situations enviables, n'ont eu qu'à se trémousser, plus ou moins dévêtues, devant un public corrompu!

— Miss McCarthery, si je vous comprends bien, Brian Ardley aurait tué sa femme non pas pour s'approprier sa fortune, mais pour se libérer?

— Exactement.

— Mais le major Inchbare est toujours là? Etre libre pour Ardley ne signifie rien, si Alison ne l'est pas?

— Et qui vous dit qu'elle ne le deviendra pas?

— Comment cela?

— Inspecteur, je connais bien les Anglaises! Il n'y a pas plus entêtées... Si Alison Inchbare a fait assassiner Mrs. Ardley par son trop crédule amoureux, tenez pour assuré que ce n'est pas pour le seul plaisir de roucouler au clair de lune.

— Et pourquoi, à votre idée?

— Inspecteur, vous avez déjà rencontré Brian Ardley?

— Non.

— Alors, à ce moment-là, vous comprendrez, car c'est un très bel homme, connu dans les milieux artistiques, gagnant largement sa vie et que la mort de sa femme va enrichir de milliers et de milliers de livres. Dans ces conditions, estimez-vous qu'il soit extraordinaire qu'une petite jeune femme jette son dévolu sur lui? Surtout si la dite personne n'est pas étouffée par les scrupules...

— N'êtes-vous pas trop dure pour Mrs. Inchbare, Miss McCarthery?

— Je ne le crois pas... et au fond, je la comprends.

— Vous la comprenez?

— Réfléchissez, inspecteur... Alison, comme toutes ses pareilles, sans autre talent que ceux dont vous voudrez bien me dispenser de parler, n'ont qu'un but : prendre dans leurs filets le gentleman fortuné qui leur assurera une existence décente. Pour cela, elle passe sur l'âge, la pudeur, la respectabilité... Aussi, imaginez la rage d'Alison en s'apercevant qu'elle aurait réussi un bien plus joli coup avec le jeune et beau Ardley qu'en épousant le très distingué, mais presque sexagénaire, major Dermot Inchbare, un homme pourtant qu'une femme équilibrée aimerait avoir pour compagnon...

Il y eut dans l'ultime phrase d'Imogène une sorte d'attendrissement admiratif, du regret mélancolique, qui fit dresser l'oreille à Laggan. L'inspecteur réfléchissait vite. Pour lui, il n'était pas douteux que si l'hypothèse de McClostaugh s'avérait stupide, celle d'Imogène apparaissait beaucoup plus sérieuse, même si la vieille demoiselle exagérait un peu. Alistair, se souvenant des conseils du superintendent, se doutait qu'il lui serait impossible d'écarter Miss McCarthery de l'enquête, et que, persuadée de détenir la vérité, elle risquait de marcher sur ses brisées et de lui compliquer sa tâche, surtout que la majorité du pays s'affirmait encline à lui manifester plus de confiance qu'à la police. Faisant la part du feu, Alistair se décida brusquement :

— Miss McCarthery... Votre connaissance de Callander me serait d'un grand secours... aussi les amitiés que vous y comptez... Si vous n'êtes pas occupée en ce moment, accepteriez-vous de me seconder dans mon enquête?

— Avec plaisir, inspecteur. Je tiens particulièrement à venger Mrs. Ardley, mon amie.

— Naturellement, vous vous rendez compte que cette proposition est tout à fait illégale, aussi je vous demanderais la plus extrême discrétion.

— Naturellement.

— Nous dirons, si vous le voulez bien, que vous me servirez de secrétaire et de guide.

— C'est entendu. Quand commençons-nous?

— Nous irons demain matin au *Chardon écossais*. Je passerai vous prendre vers neuf heures. Je suis persuadé, Miss, que vous me serez très utile.

— J'en suis convaincue, inspecteur, et vous m'autoriserez à vous confier que c'est une grande chance pour vous et pour la justice que vous ayez songé à me venir voir.

S'il est vrai qu'Imogène comptait un grand nombre d'amis dans Callander, elle possédait aussi des ennemis dont la bagarre du *Fier Highlander* avait renforcé l'animosité. Le centre de l'antimaccarthérysme était l'épicerie McGrew, où le mari et la femme ne s'adressaient presque plus la parole. Elizabeth jurait qu'elle ne pardonnerait jamais à son époux la correction publique qu'elle avait reçue et affirmait qu'elle ne retrouverait pas la paix tant que la damnée Imogène n'aurait pas subi le même traitement. Si Mrs. McGrew ne pouvait espérer s'appuyer sur Margaret Boolitt, terrorisée par Ted et sa colère, en revanche, elle se savait assurée du dévouement inconditionnel de ses clientes et amies; Mrs. Plury, Mrs. Frazer et Mrs. Sharp. Pour la première fois de leur existence, ces dames avaient été frappées, battues, moulues et dans l'impossibilité où elles se trouvaient de désigner leurs brutaux adversaires, elles cristallisaient leurs fureurs sur la seule Imogène qu'elles rêvaient de mettre en piteux état. Leur désir de vengeance s'affirmait tel qu'elles en oubliaient leur piteux échec le jour où elles avaient cru humilier à jamais leur adversaire(!).

Quant à William McGrew, l'épicier, il feignait de ne pas voir ces dames lorsqu'elles entraient dans son épicerie, et mettait une insolente ostentation à ne pas les servir. Des affronts qu'on n'encaisse pas facilement. En empaquetant la commande de Mrs. Frazer, Elisabeth lui chuchota :

— Avertissez nos amis, Mrs. Frazer. William s'en va boire au *Fier Highlander* vers six heures. Je vous attendrai toutes les trois et vous expliquerai mon plan pour infliger à la McCarthery ce qu'elle nous a fait subir.

Mrs. Frazer murmura dans un souffle :

— Comptez sur moi!

Elle attendit que les deux autres dames aient terminé leurs emplettes pour sortir en même temps qu'elles et les mettre au courant.

Et la nuit tomba sur Callander, une nuit apparemment paisible, chargée de toutes les odeurs des landes et dont la douceur ne laissait en rien supposer qu'elle devait être complice de la défaite d'Imogène McCarthery.

CHAPITRE IV

A l'aube prenante, à cette heure incertaine où l'obscurité commence à céder à une clarté laiteuse, Imogène fut tirée de son sommeil par le carillon de la porte du jardin. Elle regarda sa montre et constata avec surprise qu'il n'était pas tout à fait quatre heures. Qui pouvait bien venir la déranger? Elle se leva, enfila sa robe de chambre, prit le revolver de son père — car elle était femme de précaution — et s'avança dans le jardin. Elle ne distinguait guère que la blancheur de la clôture. Elle demanda :

— Qui est là?

Pour toute réponse, elle perçut un faible gémissement. N'hésitant point, elle ouvrit la porte et s'élança. Un croc-en-jambe la fit s'effondrer le nez sur le sol. La chute fut rude. Avant qu'elle n'eut repris ses esprits, un poids énorme (qu'elle ne pouvait deviner être la partie postérieure de la grosse Mrs. Plury) s'écrasait sur ses épaules, lui coupant la respiration et lui interdisant tout mouvement en dépit de sa vigueur. Presqu'aussitôt, deux mains empoignèrent son bras droit, deux mains son bras gauche et elle poussa un hurlement étouffé quand elle sentit qu'on retroussait sa robe de chambre. Affolée, humiliée, Miss McCarthery s'attendait aux pires outrages, et dans son cerveau en feu, les questions se heurtaient quant à l'identité de ses agresseurs. Mais il ne se passa rien de ce qu'elle redoutait. Ce fut pis : ses tortionnaires lui infligèrent la plus mémorable fessée — à coups de battoirs de lavandière — que jamais Ecossaise du vingtième siècle ait reçue. Imogène, de honte et de rage, faillit en perdre la raison. Les autres s'acharnaient avec des gloussements de joie sadique et, avant de sombrer dans l'inconscience, Miss McCarthery comprit qu'elle avait affaire à des femmes.

La fraîcheur de la rosée rendit ses esprits à Imogène. D'abord, elle s'étonna de se trouver à plat ventre devant sa maison, et puis tout de suite, l'abominable sensation d'être assise sur un réchaud allumé la rendit à la réalité. D'une main précautionneuse et ankylosée, elle commença par se rendre compte si sa position n'offensait pas les bonnes mœurs. Heureusement, ses bourreaux avaient eu la pudeur, leur forfait accompli, de rabattre la robe de chambre. Miss McCarthery tenta de ramener ses jambes pour se relever, mais la douleur fut si aiguë qu'elle ne put retenir un gémissement et manqua s'évanouir à nouveau. Pourtant, l'indomptable Ecossaise n'entendait pas s'offrir en spectacle à d'éventuels passants. Rassemblant son énergie, elle se traîna jusqu'à sa porte, la poussa et commença à se sentir mieux dès qu'elle fut dans son jardin, dont la traversée fut un long supplice. Elle grimpa en rampant le petit perron, se traîna dans le living-room jusqu'au buffet où elle prit la bouteille de whisky et en lampa presque la moitié. Elle y puisa la force de se hisser jusqu'à l'étage, de se glisser dans sa chambre, de monter sur son lit et, la tête enfouie dans son oreiller, pour la première fois de sa vie, pleura à gros sanglots tandis que des projets de féroce vengeance sillonnaient son esprit enfiévré.

En venant prendre son service, Rosemary Elroy s'étonna de trouver la porte du jardin ouverte, et elle s'alarma en constatant qu'il en était de même de celle de la maison. Inquiète, elle se précipita dans le living-room, appelant :

— Miss Imogène?... Miss Imogène?

Debout au milieu de la pièce, la vieille femme ne savait de quel côté entreprendre d'abord ses recherches, lorsque ses yeux tombèrent sur la bouteille de whisky débouchée. Elle poussa un long soupir résigné et murmura :

— Tout comme son papa...

Et elle eut des paroles très dures pour le whisky, paroles qui, si elles avaient été entendues par un tiers, eussent sans doute fait bannir à jamais Mrs. Elroy de l'Ecosse. Ayant rebouché la bouteille, Rosemary la remit dans le buffet, puis monta à l'étage. Lorsqu'elle vit Imogène à plat ventre, le visage enfoui dans l'oreiller, elle ne put se contenir :

— C'est du propre!... Vous voulez donc me voir mourir de chagrin?

Miss McCarthery ne répondit que par des gémissements étouffés.

— Ah! Vous pouvez vous plaindre maintenant! Une personne distinguée comme vous qui s'enivre, c'est une honte! Vous entendez? Une honte! Quand je pense que vous m'aviez promis!... Imogène McCarthery, en dépit de la peine que j'en éprouve et malgré ma promesse à feu votre papa, je quitte votre service! Je ne veux pas qu'il soit répété dans Callander que je favorise votre vice, et je souhaite que Dieu me fasse mourir vite pour ne pas assister au spectacle de Tyler vous ramassant dans la rue. Je n'y survivrais pas! Adieu, Miss McCarthery, vous n'êtes plus mon bébé!

N'ayant pas la force de s'expliquer, ni même de se retourner, Imogène — sous le coup de l'indignation d'une innocence bafouée — oubliant toute pudeur, reniant la tradition britannique dans ce qu'elle a de plus sévère, retroussa sa robe de chambre et sa chemise pour exiber à sa gouvernante ce que les gens bien élevés ne sauraient nommer. D'abord, Rosemary crut à un geste de défi d'une vulgarité sans exemple qui lui coupa le souffle, mais quand elle aperçut l'état dans lequel se trouvait la partie postérieure d'Imogène, elle ne put retenir une plainte horrifiée et joignant les mains, elle prit le ciel à témoin de son effarement.

— Seigneur! C'est la première fois que j'en vois un comme ça! Imogène, darling, que vous est-il arrivé?

— Attentat...

— On vous a battue? Ce n'est pas Dieu possible? Mais quels sont les monstres qui...

— Sais pas...

— Je téléphone à Tyler!

Cette promesse galvanisa Miss McCarthery qui se redressa sur les avant-bras et, amère, gémit :

— Vous tenez à ce que je montre à McClostaugh et à Samuel mon... enfin, la pièce à conviction?

Mrs. Elroy se rendit à ces raisons décentes.

— Pourtant, ces misérables ne peuvent pas s'en tirer comme ça!

— M'en charge...

Flambant d'une belle et juste colère, Rosemary, ce coup-ci, approuva hautement son bébé de vouloir se faire justice, et lui assura que si cela était en son pouvoir, elle pouvait compter sur elle, puis elle entreprit de soigner Imogène avec des onguents et des cataplasmes de sa composition. Elle achevait lorsqu'on sonna à l'entrée. Miss McCarthery sursauta :

— L'inspecteur!

— Je vais lui dire que vous n'êtes pas visible.

— Jamais de la vie! Demande-lui de m'attendre un moment.

— Vous n'allez pas vous lever?

— On croirait que vous ne me connaissez pas?

En apprenant que sa nouvelle adjointe n'était pas encore prête, Laggan ne put se tenir de remarquer :

— J'aurai cru que Miss McCarthery se levait de meilleure heure.

Alors, Mrs. Elroy ne put y tenir, et tout en faisant jurer le secret au policier, elle lui rapporta l'attentat dont sa maîtresse avait été victime. Alistair eut du mal à encaisser la chose. Décidément, le superintendent ne devait pas connaître Callander, et tout de suite, il se demanda si le traitement barbare infligé à Imogène avait un lien quelconque avec le meurtre du *Chardon Ecossais*. Aurait-on entendu la punir de s'allier à l'enquêteur officiel? Redoutait-on ses révélations? Toutefois, il admira le cran de Miss McCarthery descendant l'escalier en se cramponnant quelque peu à la rampe. Il la salua, mais ne se permit point la moindre allusion à ses misères.

— Etes-vous prête, Miss?

— Je suis à vos ordres, inspecteur.

Décidément, elle avait du cran l'Ecossaise... et Laggan la trouva sympathique. Si elle s'était plainte à lui, il lui aurait volontiers donné un coup de main pour l'aider à découvrir ceux qui l'avaient honteusement frappée, mais il se doutait qu'Imogène arriverait, seule, à ses fins, et il souhaitait que ce fût le plus vite possible, car il aspirait à assister au règlement de comptes.

Janet Slamanan marqua quelque surprise de voir Miss McCarthery sur le seuil, en compagnie d'un gentleman qu'elle ne connaissait pas. Imogène se raidit pour tenter de trouver une attitude normale en dépit de ses bases tuméfiées.

— Bonjour, Janet, nous venons voir Mr. Ardley...

— Il est dans son atelier, Miss.

— Voulez-vous le prévenir que nous désirons

l'entretenir... Ce gentleman est l'inspecteur Laggan du C.I.D.

Alistair intervint :

— Un moment, je vous prie... Mrs. Slamanan, je crois?

— Parfaitement, sir.

— Avant que vous n'annonciez notre présence à Mr. Ardley, j'aimerais bavarder avec vous quelques instants.

— A votre disposition, sir...

Dans le salon, le policier interrogea la domestique sur le caractère de la victime et sur ses relations avec elle. Janet ne fit aucune difficulté pour répondre :

— De temps à autre, bien sûr, elle me faisait des remarques, mais quoi, c'est normal... Vous savez ce que c'est? Y a des jours où on n'est pas tellement bien luné, hein? Dans l'ensemble, une bonne patronne, comme je risque pas d'en retrouver par ici et pas regardante... Jamais à me demander si je m'étais pas trompée dans les comptes. Oui, sir, une bonne personne et triste...

— Triste?

— A cause de ses jambes, vous comprenez? C'est terrible, hein? Quand on y pense... une femme de quarante-cinq ans, encore belle, et qu'il faut pousser dans un fauteuil comme une vieille... et avec ça, un mari jeune, beau... célèbre à ce qu'on raconte... Alors, dame, c'est pas étonnant qu'elle se faisait du mauvais sang, hein?

— Ils formaient un bon ménage, avec son mari?

— C'est pas difficile : jamais je les ai entendus

se disputer... Jamais un mot plus haut que l'autre... Seulement, qu'est-ce que vous voulez, un homme c'est un homme, et puis la nature, c'est la nature, hein? et sur un certain point, vous saisissez, sir? le pauvre Mr. Ardley, il était plutôt privé... et ça, Mrs. Ardley, elle s'en rendait compte et ça lui rongeait les sangs... du moins, à mon idée.

— Mrs. Slamanan... vous êtes une femme d'expérience...

— Ça, on peut le dire!

— Alors, là, entre nous... A votre avis, est-ce que Mr. Ardley trompait sa femme?

La domestique écarta les bras dans un grand geste d'impuissance.

— Comment que je pourrais le deviner? Il était poli avec elle et bien attentionné... Très dévoué, aussi... Il lui offrait sans cesse de la promener et il retournait dans son atelier que lorsqu'il était sûr qu'elle avait sous la main tout ce qu'il lui fallait... mais à Londres, j'étais pas avec lui, hein?

— Mrs. Slamanan, je vais vous poser une question que vous me promettez d'oublier sitôt que vous y aurez répondu. Je vous la pose parce que je sens que vous êtes quelqu'un en qui on peut avoir confiance et qui n'a pas les yeux dans sa poche.

Janet se rengorgea.

— Ça, c'est sûr... Demandez dans Callander, et on vous répétera : Janet Slamanan, c'est quelqu'un à qui on n'en fait pas croire! Je vous écoute, sir?

— Vous êtes-vous aperçue qu'il y avait eu quelque chose entre Mr. Ardley et... Mrs. Inchbare?

La bonne femme hésita.

— Votre question, elle me gêne beaucoup, sir... Je voudrais pas que ça se répète...

— Nous n'avons pas l'habitude de révéler les noms de nos informateurs, Mrs. Slamanan.

— Eh bien... qu'il y ait eu quelque chose entre eux, je pourrais pas le jurer, hein? mais ça ne me surprendrait pas... Souvent, j'ai vu leurs mains se serrer quand les autres les regardaient pas... C'est qu'elle est bien, Mrs. Inchbare, et puis, elle est jeune, hein? Avec ça, un vieux mari... alors, hein? la nature, ça cause plus fort que la volonté, des fois!

— Pensez-vous que Mrs. Ardley se soit aperçue de ce manège?

— Sûrement pas. D'abord, parce que Mr. Brian, c'est un gentleman, il se serait pas permis de causer de la peine à sa femme... et puis, si Mrs Ardley avait eu du chagrin, elle aurait pas pu me le cacher à moi. Non, la pauvre chère âme, elle est partie sans se douter de rien. C'est mieux comme ça, hein?

Brian Ardley les accueillit dans son atelier. Il parut, de prime abord, ne pas comprendre la présence d'Imogène et le policier dut lui expliquer qu'elle le pilotait et lui servait de secrétaire. Ardley ne sembla pas tellement enchanté, et ce fut d'un ton amer que, montrant le tableau qu'il était en train de peindre, il dit :

— J'essaie non pas d'oublier, mais de sortir de la hantise de l'absence de Mona... Je ne parviens pas à accepter l'idée qu'elle ne jugera plus mes toiles...

J'ai le sentiment d'être perdu... d'être seul... Mais, asseyez-vous, je vous en prie...

Laggan obéit, mais Imogène resta debout et Brian, qui allait prendre place sur un tabouret, suspendit son geste :

— Je vous en prie, Miss McCarthery...

— Non, merci, je préfère rester debout.

— Ah?...

L'inspecteur se souvint alors de l'aventure d'Imogène et, se relevant promptement, déclara :

— Miss McCarthery a raison, Mr. Ardley, nous n'allons pas vous ennuyer trop longtemps... et il vaut mieux que nous ne nous installions pas... Je pense que la manière dont Mrs. Ardley a disparu doit terriblement vous affecter?

— C'est surtout sa disparition qui m'affecte, inspecteur.

— Cependant, un meurtre...

— Je sais, c'est horrible... Mais j'ai trop de peine de la mort de Mona pour trouver quelque apaisement à m'indigner de la façon dont elle est morte!

— Toutefois, je suis sûr que vous nous apporterez toute l'aide nécessaire afin que nous découvrions le meurtrier?

— Naturellement.

Mais la réponse de Brian Ardley manquait tellement de conviction que c'en était gênant. La voix de Lattan se fit plus sèche.

— Mr. Ardley, les hommes étant ce qu'ils sont, il ne faut pas s'étonner si, déjà, des bruits fâcheux courent sur votre compte. Je suis ici pour les faire cesser.

— Ou pour vous rendre compte s'ils ne reposent pas sur quelque base réelle? Voyez-vous, Mr. Laggan, j'ai noté votre arrivée et le temps que vous avez mis à me rejoindre me permet de croire que vous avez questionné la domestique. Est-ce que je me trompe?

Alistair commençait à s'énerver, car il n'avait point l'habitude qu'on se moque de lui plus ou moins ouvertement.

— J'exerce mon métier, Mr. Ardley.

— Bien sûr... et comme tous les policiers de la terre, j'imagine, vous sautez tout de suite aux conclusions faciles : Mona était de dix ans mon aînée, elle était infirme, elle était riche et je suis son légataire universel, bien des raisons pour que je me sois débarrassé d'elle, n'est-ce pas?

— Je n'en sais rien, Mr. Ardley.

— Mais si, voyons, c'était obligé, je devais la tuer pour recouvrer ma liberté et arrondir ma fortune!

— Mr. Ardley, les gens que nous poursuivons n'ont jamais rien fait à quoi ils étaient obligés. Vous vous entendiez bien avec votre femme?

— Au risque de vous décevoir, inspecteur, je vous répondrai oui, parce que c'est la vérité.

— Mr. Ardley, je ne pense vraiment pas que ce soit le moment de vous livrer à un persiflage qui manque de dignité.

— D'accord. Excusez-moi...

— On m'a rapporté que Mrs. Ardley vous avait beaucoup aidé dans votre carrière?

— Et on ne vous a pas menti. Sans elle, je ne serais rien. Nous nous sommes rencontrés à Bornemouth, il y a six ans... Elle n'était pas encore infirme, bien sûr, et moi j'étais un de ces garçons désespérés qui, atteignant la trentaine, ne peuvent plus se dissimuler leur échec. Je rêvais de devenir peintre, enfin disons de vivre de ma peinture, mais peut-être le souci de manger tous les jours ou presque m'empêchait de peindre uniquement ce que je voulais. Je me dégoûtais, inspecteur, et à Bornemouth, j'avais résolu d'abandonner la lutte pour faire n'importe quel métier... Et puis, un jour que je peignais, Mona est arrivée derrière moi... Contrairement à tous les autres badauds, elle n'a rien dit et est restée près d'une heure à me regarder peindre. Ce n'est qu'au moment où je commençais à essuyer mes pinceaux qu'elle m'a souri en remarquant :

— Vous avez vraiment du talent.

— Et cela m'a réchauffé le cœur, inspecteur. Après, tout s'est enchaîné. Elle est revenue près de moi quand je peignais, je lui ai montré mes toiles qu'elle a intelligemment critiquées. Je lui ai énuméré ma longue suite de déboires, elle m'a redonné courage et, grâce à elle, j'ai repris confiance. Elle a organisé une exposition de mes œuvres à Bornemouth d'abord, puis à Londres, et cela a marché. Je lui devais plus que la vie. Je n'envisageais pas de travailler loin d'elle. Je ne sais si c'est elle ou moi qui, le premier, a parlé mariage. J'étais porté vers elle par une telle reconnaissance que je pouvais la prendre pour de l'amour...

— Dois-je entendre que vous n'aimiez pas votre femme, sir?

— Au contraire, inspecteur, je l'aimais profondément, mais... comment vous expliquer?... Notre tendresse n'avait rien à voir avec celle d'Ophélie... Dès le début, nous fûmes un vieux couple sachant que rien ne pourrait jamais le désunir... Ce n'était pas l'emballement, mais mieux que cela, une certitude que nous irions ensemble jusqu'au bout... Me comprenez-vous, inspecteur?

— Parfaitement. Excusez-moi de vous poser une question indiscrète... mais j'y suis contraint... Aviez-vous une autre affection féminine dans votre existence?

Le ton de Brian Ardley fut beaucoup moins net.

— Non.

— Pourtant... Je suis affreusement gêné de faire allusion à cette disgrâce... Mrs. Ardley était infirme?

— Et alors? Nous nous sommes engagés pour le meilleur et pour le pire... Elle m'a permis de connaître le meilleur. Pourquoi l'aurais-je trahi quand elle connaissait le pire?

Laggan abrégea la conversation, car il sentait qu'Imogène bouillait; et il ne voulait surtout pas que Brian s'aperçut qu'on était au courant de ses amours coupables.

— Pour terminer, sir... Vous n'avez vraiment aucune idée de celui ou de celle qui a assassiné votre femme?

— Non... Je souhaite simplement qu'il soit pendu.

— Cela, Mr. Ardley, je crois pouvoir vous le promettre... Eh bien! nous allons continuer l'enquête... Le jeune Neil Kincarley est-il dans la maison?

— Il doit se trouver au jardin, je pense.

— Parfait... Miss McCarthery, auriez-vous l'obligeance de chercher ce garçon pendant que j'examine la chambre à coucher de Mrs. Ardley... si toutefois, vous y consentez, sir?

— Très volontiers, inspecteur. Par ici, s'il vous plaît...

Imogène aimait beaucoup le jardin du *Chardon écossais*. Elle y goûtait cette apparente négligence où une nature surveillée a pourtant l'air d'être livrée à elle-même. Les larmes aux yeux, elle se revoyait poussant le fauteuil de la malade dans les allées serpentant comme des chemins de montagne, rusant avec le décor, se suscitant des obstacles à contourner. Ces quelque deux mille mètres carrés donnaient l'impression d'immensité. Ce jardin avait été dessiné, créé par le vieil Ambrose Dolphin, ami de feu le capitaine McCarthery, et mort, lui aussi, depuis longtemps. Imogène se souvenait y être venue jouer enfant. C'est la raison pour laquelle elle s'y sentait un peu chez elle.

Elle dénicha Neil Kincarley sous un cèdre dont il nettoyait le pied. Quand elle l'interpella, il sauta comme si un serpent le piquait.

— Que vous arrive-t-il, Neil? Je vous effraie?

— N...on, Miss... mais je... je m'attendais pas... Co... comment allez-vous?

— Très bien, je vous remercie, et vous?

— Ça va.

— Neil... Mr. Ardley vous gardera-t-il à son service?

— J'sais pas.

— Ça vous plairait de rester ici?

— Bien sûr.

— Même en l'absence de Mrs. Ardley?

Pour toute réponse, Neil éclata en sanglots. Emue, Imogène le prit par l'épaule et le fit asseoir à ses côtés sur un banc rustique placé là, un jour que le vieux Ambrose Dolphin avait du vague à l'âme, face à un bassin où traînaient des herbes ressemblant à des chevelures de noyées, refuge de grenouilles vertes aux croassements inépuisables. En posant son séant sur le siège de bois, Imogène ne put retenir une plainte, et Neil en fut étonné. La demoiselle se força à un sourire qui ressemblait à une grimace et demeura quelques secondes silencieuse, pour laisser se calmer la brûlure lui rappelant l'humiliation subie. Quand elle jugea la douleur supportable, elle prit la main du garçon.

— Je suis votre amie, Neil... A moi, vous pouvez tout dire... Vous aimiez beaucoup Mrs. Ardley?

— Oui.

— Et... de qui étiez-vous jaloux, Neil?

— Jaloux?

— Cette affection que vous lui portiez, Mrs. Ardley s'en apercevait-elle?

— J'sais pas.

— Voyons, mon ami... soyez franc... Vous détestiez Mr. Ardley, n'est-ce pas?

— Un peu.

— Parce que Mrs. Ardley l'aimait?

— Oh! non... plutôt parce qu'il ne l'aimait pas!

— Ah!... mais, Neil, qu'en savez-vous?

— Il l'embrassait jamais!

— Disons qu'il ne l'embrassait pas devant vous, plutôt?

— Et puis... et puis, je sais ce que je sais!

— Et vous ne voulez pas me le confier?

— Non... Ni à vous, ni à personne.

— Et si je vous aidais un peu?

— Vous?

Imogène posa maternellement la main sur l'épaule de Neil et l'attira contre elle ainsi qu'une mère souhaitant susciter les confidences de son grand fils.

— Neil, mon petit, vous désirez venger Mrs. Ardley, n'est-ce pas?

— Sûr!

— Alors, Neil, il ne s'agit pas, par hasard, de Mrs. Inchbare?

Il la regarda, stupéfait.

— Vous êtes au courant?

Imogène eut un rire de gorge fort suffisant.

— Personne ne peut me tromper, Neil!

Admiratif, il approuva :

— Ça, c'est bien vrai! Vous êtes rudement plus maligne que le sergent McClostaugh!

Sans y penser, elle le serra plus étroitement contre elle pour affirmer avec la plus grande conviction :

— Ne me comparez pas à cet extravagant imbécile, Neil, vous me fâcheriez!

Miss McCarthery ne se doutait pas que, tandis

qu'elle s'exprimait sur son compte en des termes aussi peu amènes, le sergent, désirant reprendre sa conversation avec Neil, fouinait à travers le jardin. Il eut tôt fait de repérer le couple et, sur le moment, il n'en crut pas ses yeux. Poussé tout à la fois par son aversion envers l'Ecossaise aux cheveux rouges et par son souci de connaître ce que ces deux-là pouvaient avoir à se confier, il usa d'une stratégie parfaite, s'obligea à un détour et, malgré son poids, réussit à arriver dans leur dos sans qu'ils l'eussent entendu venir. Il parvint au cèdre qui abritait le couple suspect de ses branches, juste à l'instant où Neil craintif et joyeux, disait :

— Si le sergent apprenait la façon dont vous causez de lui, ça barderait!

Imogène haussa les épaules, dédaigneuse.

— McClostaugh est un tel crétin qu'il prendrait cela pour un compliment!

Sous le choc de cette définition, Archibald vacilla, puis, selon son habitude, il fonça. Glissant sa barbe entre les visages d'Imogène et de Neil, il hurla :

— Et combien vous figurez-vous que ça peut vous coûter de calomnier le sergent de la police de Callander, Miss?

Subitement, les grenouilles interrompirent leur concert, mais Imogène, se remettant très vite de sa surprise, ordonna froidement :

— Otez votre barbe de là que je puisse continuer à m'entretenir avec ce jeune homme!

McClostaugh se redressa et, sarcastique :

— On aime la chair fraîche, hein?

Miss McCarthery ne comprit pas tout d'abord l'infamie contenue dans cette remarque ignoble. Quand elle en eut réalisé complètement la signification, elle commença par rougir, puis par pâlir, et ne put que protester :

— Oh!... c'est monstrueux! Archibald, comment osez-vous?...

C'était là un domaine où Imogène, peu instruite, perdait tous ses moyens. Le sergent en profita lâchement pour tenter de mettre son ennemie en déroute :

— Il y a un bon moment que je vous surveille! Votre attitude était positivement dégoûtante, si vous tenez à connaître mon opinion! Une femme de votre âge! Ce n'est pas croyable! Et si je vous collais un procès pour attentat aux mœurs, hein? Une refoulée bourrée de complexes, voilà ce que vous êtes, Miss McCarthery! Et j'ai bien l'honneur de vous déclarer que vous m'écœurez!

Les vociférations de McClostaugh éveillèrent l'attention de l'inspecteur qui prenait congé de Brian Ardley. Il suspendit ses formules de politesse pour demander :

— Que se passe-t-il?

Par sa mine, l'hôte donna à entendre qu'il n'en savait rien du tout quand, sur le tumulte arrivant du fond du jardin, pointa la voix reconnaissable entre toutes de Miss McCarthery. Intrigué, Alistair Laggan se dirigea vers le lieu de la querelle en évitant de se montrer. Tout entier à son chagrin, Brian Ardley rentra dans son atelier, car il n'avait plus le goût de se mêler des affaires des autres.

Debout devant le banc où McClostaugh les avait surpris et tournant le dos au petit bassin où les grenouilles s'étaient tues, Imogène faisait face à Archibald qui marchait vers elle, les poings brandis, au sommet d'une fureur incontrôlable.

— Il faut que j'en finisse avec vous, diablesse! Il y a assez longtemps que vous me torturez! J'en ai assez! Assez! Assez!

Le sergent s'affirmait dans un tel état que Miss McCarthery, tout en n'y croyant pas complètement, se demanda si McClostaugh n'allait pas se livrer, sur sa personne, à des voies de fait... et elle se mit à avoir peur. Quant à Neil Kincarley, il regardait la scène bouche bée. Imogène recula, mais bientôt, à moins de mettre les pieds dans l'eau, force lui fut de s'arrêter. Une lueur de meurtre dans les yeux que le whisky marbrait joliment de filets rouges, Archibald haletait :

— Ce coup-ci, ça y est! Ils me pendront s'ils le veulent, mais je vous tords le cou!

Alors, toute honte bue, la fille du capitaine McCarthery, la fiancée de Douglas Skinner, la fille spirituelle de Robert Bruce appela au secours.

— Neil!... Croyez-vous que Mrs. Ardley serait fière de vous en vous voyant abandonner une femme en péril?

Le garçon ne réfléchit pas et s'élança les poings en avant. Imogène s'écarta d'un pas sur sa droite. McClostaugh, atteint aux reins par la vigoureuse poussée, s'en fut s'étaler de tout son long dans le bassin, tandis que Miss McCarthery lançait un cri de victoire et embrassait Neil sur les deux joues.

Archibald ne se releva pas tout de suite, car il était dans l'impossibilité absolue de commander à ses muscles noués par une colère frisant la démence et, en dépit de l'eau lui chatouillant la poitrine et coulant dans ses pantalons, de sa barbe flottant à la surface, il demeurait là, immobile, dieu foudroyé par le destin.

— Qu'est-ce que vous cherchez exactement, sergent?

McClostaugh redressa la tête pour voir l'inspecteur Laggan qui le contemplait tout en s'efforçant de tenir son sérieux, mais il ne put, malgré ses efforts, s'empêcher de rire lorsqu'il vit une bande de joyeux têtards folâtrer dans la barbe rousse d'Archibald McClostaugh.

Sur le chemin les menant au cottage des Inchbare, *Le Bélier noir,* Alistair remarqua :

— Miss McCarthery, si j'ai sollicité votre aide, c'est afin que vous collaboriez avec la police de Callander tout autant qu'avec moi...

— Et qu'est-ce que vous croyez donc que je fais, inspecteur?

Laggan ne sut que répondre et se consola en se disant que depuis qu'il avait quitté l'Ecosse, il avait dû oublier que ses habitants obéissaient à une logique qui ne ressemblait aucunement à celle en usage dans le reste du Royaume-Uni.

Personne n'ayant répondu à leur coup de sonnette, l'inspecteur et Miss McCarthery pénétrèrent dans le jardin du *Bélier noir,* plus ordonné avec ses massifs de fleurs et ses pelouses géométriques que celui des Ardley. Un jardinier, occupé à arroser des rhododendrons, leur tournait le dos et semblait ou ne voulait pas entendre l'approche des visiteurs, ou s'en ficher totalement. Laggan dut lui taper sur l'épaule pour requérir son attention.

— Dites-moi, savez-vous où je pourrais rencontrer le major Inchbare?

Le jardinier, avec un geste de mauvaise humeur, commença par couper l'eau avant de se retourner, et Imogène s'écria :

— Oh! major, comment allez-vous?

— Comment allez-vous, Miss McCarthery?

Confus, Laggan s'excusa :

— Pardonnez-moi de vous avoir pris pour un jardinier à votre service.

— De dos, tous les hommes se valent, sir, et je suis bien un jardinier, mais à mon propre service.

Imogène intervint.

— Major, je vous présente l'inspecteur Laggan du C.I.D. d'Edimbourg... le major Inchbare.

— Je suppose que vous venez à propos de cette triste histoire?

— Oui.

— Que puis-je pour vous?

— Miss McCarthery, qui veut bien me servir de guide dans Callander et parmi ses habitants, m'a assuré que vous étiez, avec Mrs. Inchbare, des familiers des Ardley?

— En effet, les Ardley étaient les seuls habitants de Callander que nous fréquentions. J'ai trop vécu toute ma vie à la caserne ou parmi les soldats pour ne pas savourer les joies de la solitude. Mais c'est avec plaisir que je rencontrais parfois des gens intéressants de ce pays, comme Miss McCarthery.

Rose d'émotion, Imogène salua de la tête. L'inspecteur estima qu'avec un officier, il n'avait pas de ménagement à prendre et qu'il lui fallait parler clair et net.

— L'enquête préliminaire vous aura appris, major, si vous en doutiez encore, que la mort de Mrs. Ardley est due à un meurtre.

— Incroyable...

— La plupart des meurtres paraissent d'abord incroyables, major. Quoi qu'il en soit, j'ai pour mission d'arrêter l'auteur de ce crime.

— Je crains que vous n'y arriviez pas, inspecteur.

— Pour quelles raisons?

— Parce que, comme il ne peut s'agir d'un des rares familiers de la victime, c'est la région entière qu'il vous faudra soupçonner. Une enquête interminable...

— Je ne suis pas de votre avis. La manière dont on a tué Mrs. Ardley prouve, au contraire, que c'est un de ses familiers qui l'a assassinée.

— C'est impossible! Tout le monde l'aimait! Et quel mal pouvait-elle faire au point qu'on veuille se débarrasser d'elle? Elle ne voyait pratiquement personne en dehors de son mari, de ses domestiques et de nous-mêmes... à part Miss McCarthery qui avait l'obligeance de lui tenir compagnie, et admettre qu'un ou une de ceux-là... non, non, je vous répète, inspecteur, que ce n'est pas pensable. Enfin, il faut une raison pour ôter la vie à son semblable?

— Ces raisons, major, j'aimerais justement en discuter avec vous... dans un endroit où l'on ne puisse nous entendre.

— Je suis seul ici avec Alison, ma femme, qui est dans la maison. Nous pouvons donc bavarder en toute quiétude.

— Eh bien! major, nous autres policiers, quand nous nous trouvons en présence d'un meurtre apparemment incompréhensible, nous procédons par analogie... avons-nous déjà vu des cas semblables et si oui, quels étaient les motifs de ces meurtres?

— Et alors?

— Et alors, major, chaque fois qu'une femme plus très jeune, riche, meurt de mort violente, c'est le mari qui est le coupable.

Inchbare bondit :

— Ardley! Oh! C'est une infamie! Votre seule excuse, inspecteur, est que vous ne connaissez pas Brian, l'homme le plus droit, le plus sensible que j'aie rencontré! Mais vous, Miss McCarthery, dites-lui...

Bien ennuyée, Imogène ne se sentait pas le courage d'apprendre à cet homme à cheveux blancs que celui qu'il admirait tant le trompait avec sa femme. Le major s'étonna, puis s'irrita du silence de la demoiselle et, très sèchement, dit :

— Vous ne répondez pas, Miss?

Laggan se porta au secours de sa collaboratrice d'occasion.

— Major, Miss McCarthery partageait, il y a

un instant encore, votre conviction quant à l'innocence de Brian Ardley, mais elle a repris, en ma compagnie, toutes les données du problème et, malheureusement, nous avons dû nous rendre à l'évidence : le mari de la victime ferait un coupable logique.

— Mais pourquoi? Pourquoi?

— Pour la plus vieille raison du monde, major : l'amour.

— L'amour? Je ne comprends pas.

— Raisonnons en hommes d'expérience, major, si vous le voulez bien. Voilà un garçon physiquement assez beau, encore très jeune, pourvu de dons artistiques qui en font un privilégié de la vie et gagnant très largement son existence. Mais il est enchaîné à une femme nettement plus âgée que lui et, de surcroît infirme. N'est-ce pas terrible? Tout passe à portée de sa main — si je puis me permettre cette image — et il doit renoncer à tout ou presque tout...

— Le sentiment de l'honneur...

— Oh! major, dans ces moments-là, l'honneur compte peu.

— Enfin, inspecteur, tout ceci n'est que suppositions pour ne pas dire calomnies! Vous n'avez pas connu le couple Ardley, et je vous affirme que jamais je n'ai surpris le moindre nuage entre eux! Tout de même, il n'aurait pas été capable de dissimuler ses sentiments au point de ne jamais les laisser paraître! Si maître de soi qu'on puisse être, on craque fatalement à un moment ou à un autre!

— Si Ardley est le coupable, cela démontrera

simplement qu'il a des nerfs en excellent état. Et puis, n'oublions pas que Mrs. Ardley est à la tête d'une très belle fortune qui, de l'aveu même d'Ardley, va lui échoir.

— A quoi lui servira-t-elle, ici?

— Etes-vous certain qu'il souhaite rester à Callander?

Dermot Inchbare resta coi. Il apparaissait évident que les hypothèses du policier lui ouvraient de nouvelles perspectives auxquelles il se défendait de croire, mais qui ne laissaient pas de le troubler.

— Non, vraiment, je ne parviens pas à admettre une pareille dissimulation. Inspecteur, à cause de vous, je vais voir Ardley avec d'autres yeux et je vous en veux.

— Hélas! major, notre métier a trop souvent pour tâche de faire tomber des masques. Vous n'avez vraiment pas l'impression, le soupçon, qu'il y ait eu, qu'il y ait quelqu'un d'autre dans la vie de Brian Ardley?

— Vous pensez bien que s'il en était ainsi, il ne m'aurait pas pris pour confident! D'ailleurs, je ne l'aurais pas toléré.

Imogène n'avait nulle envie de rire devant l'aveuglement du major. Elle se contentait de le plaindre et son ressentiment contre Alison s'amplifiait. Mais aussi, quelle sotte idée pour un Ecossais bon teint comme Dermot Inchbare d'être allé chercher une Anglaise et une girl de music-hall par-dessus le marché? Il y a vraiment des hommes qui courent après leur infortune conjugale! Et dire que tant de bonnes Ecossaises susceptibles de devenir des épouses irréprochables restaient sur le carreau... La sottise du sexe mâle atteint des limites qu'Imogène se voyait contrainte de reculer chaque jour.

— Major, nous permettez-vous de poser quelques questions à Mrs. Inchbare?

— Si cela est nécessaire, mais, je vous en prie, essayez de ne pas lui salir l'esprit avec vos soupçons sur Ardley... Elle en aurait de la peine et cela me déplairait énormément... J'ai la chance d'avoir en Alison une femme comme j'en souhaiterais à tous mes amis... Autant que possible, j'entends la préserver des vilenies du monde. Vous me comprenez, inspecteur?

— Parfaitement, major, et vous pouvez compter sur ma discrétion.

— Je vous en remercie. Suivez l'allée, et vous arriverez dans le living-room où vous trouverez sans doute Alison. Pour moi, je reste avec mes fleurs. Depuis notre rencontre, inspecteur, je les aime encore plus qu'avant.

En remontant vers le cottage, Imogène ne put se tenir de remarquer :

— Inspecteur, un pareil aveuglement...

— Chère Miss McCarthery, les maris trompés sont toujours les derniers au courant, c'est de notoriété publique. Mais je reconnais que j'en ai peu rencontré qui se prêtent aussi bien à l'aventure...

— Je suis encore abasourdie de ce que j'ai entendu de la bouche d'un homme qui a été si longtemps officier!

— Vous savez, Miss, il y a autant de dupes dans l'armée que partout ailleurs.

— Inspecteur, mon père était capitaine!

— Le grade n'a rien à voir à l'affaire.

Vexée, choquée, Imogène se tut un instant. Comme ils arrivaient devant le perron, Laggan souligna :

— En tout cas, avec la liberté que leurs époux respectifs leur laissaient — s'il est prouvé cependant que Mr. Ardley et Mrs. Inchbare entretenaient des relations coupables — je ne comprends vraiment pas pourquoi ils sont devenus des meurtriers.

— Parce qu'Alison Inchbare voulait que Brian retrouve sa liberté!

— Mais elle?

— Soyez sûr qu'elle aurait bien trouvé un moyen! D'ailleurs, vous allez vous rendre compte de la perfidie de cette Anglaise anémique, à moins que vous aussi vous ne succombiez à son charme?

— Parce que vous admettez qu'elle possède un charme particulier?

— Pour ceux qui prisent les créatures mal nourries!

En fait de créature anémique et mal nourrie, Laggan admira, en la personne de Mrs. Inchbare, une jeune femme d'une beauté apparemment fragile, mais dont les jambes musclées disaient assez qu'il ne fallait pas se fier à cette première impression. Alison s'affirmait ravissante, et Alistair comprit la faiblesse de Brian Ardley. Il convint en lui-même de l'anomalie de l'attelage formé par

Mrs. Inchbare et son époux, mais enfin personne ne l'avait contrainte au mariage et ce n'était sûrement pas une raison pour rattraper sa bévue par le crime.

La maîtresse de maison montra quelque étonnement de l'arrivée de ses hôtes inattendus. La présence d'Imogène surtout semblait l'intriguer. Laggan se présenta et définit de nouveau le rôle de Miss McCarthery à ses côtés. Les deux femmes se saluèrent plus que froidement. Sur l'invitation d'Alison, le policier et Imogène prirent des sièges, mais l'Ecossaise veilla à en choisir un particulièrement capitonné avec un énorme coussin sur lequel elle s'assit avec une précaution infinie.

— Mrs. Inchbare, nous avons bavardé assez longuement avec le major, et c'est lui qui nous a donné permission de vous entretenir un instant.

La jeune femme eut un petit rire amer.

— Vous avez dû être très sympathique à Dermot.

— Vraiment?

— Il adore qu'on lui demande la permission de ceci ou cela. Il a la nostalgie de la caserne... et tendance à considérer tout le monde comme de simples soldats qui ne sauraient oser le moindre mouvement sans solliciter son autorisation!

Imogène et l'inspecteur échangèrent un coup d'œil. Ils étaient sur la bonne piste.

— Mais je n'imagine pas, inspecteur, que vous êtes ici pour que je vous éclaire sur le caractère de mon mari au sujet duquel, d'ailleurs, Miss McCarthery, à qui rien n'échappe de ce qui se passe à Callander, a dû déjà vous renseigner.

L'Ecossaise se cabra.

— J'ignore quelles sont les mœurs dans votre milieu londonien, Mrs. Inchbare, mais ici, on ne se mêle guère de la vie privée d'autrui.

Et elle crut bon d'ajouter perfidement :

— ... surtout quand elle est irréprochable.

Alison rougit et Laggan se dit qu'à l'occasion de cette prise de bec, la vérité risquait de montrer le bout de son nez.

— Sans doute, Mrs. McCarthery, craignez-vous que l'inspecteur ne sache pas que je viens du music-hall? C'est sans doute ce à quoi vous faisiez allusion en parlant de mon milieu londonien? Eh! bien, oui, j'étais danseuse, girl même, et puis après? C'est un métier qui est interdit à pas mal de gens, car il importe d'avoir une plastique, ce qui, vous conviendrez, n'est pas donné à tout le monde?

Ce fut au tour d'Imogène de rougir jusqu'aux oreilles, mortifiée par cette allusion à sa poitrine absente, son derrière en goutte d'huile et ses jambes de coureur de landes.

— Chacun gagne sa vie avec les moyens que la nature a mis à sa disposition, chère Mrs. Inchbare. Il est rare qu'on puisse montrer de l'esprit et de jolies jambes.

— Et beaucoup plus fréquent de ne posséder ni l'un ni l'autre!

Alistair, qui ne souhaitait pas que ces dames en vinssent à se crêper le chignon, jugea opportun de ramener le débat à son véritable sujet.

— Mrs. Inchbare, vous n'ignorez plus que Mrs. Ardley a été assassinée et que je me trouve à

Callander pour tenter de découvrir le coupable. Puis-je compter sur votre coopération?

— Assurément. Mrs. Ardley était une excellente amie.

Le reniflement d'Imogène lui valut un coup d'œil furieux d'Alison qui estima utile de répéter :

— Une excellente amie!

— A titre d'amie, vous aurait-elle fait part, Mrs., de soupçons à l'égard de la fidélité de son mari?

— Jamais! Brian et Mona formaient un couple des plus unis. A moins que le fait que Mr. Ardley m'emmenait parfois au spectacle à Perth, ne soit jugé par des âmes charitables comme une preuve de double infidélité?

Il n'y avait pas à se tromper sur la personne qu'Alison entendait désigner de cette façon. Laggan, afin de parer à tout éclat, se hâta de répondre :

— Certainement pas!... Ainsi, vous ne pensez pas, Mrs. Inchbare, que Mr. Ardley ait pu avoir une intrigue amoureuse?

— Autant que je le sache, non.

Imogène frémit d'impatience. Ah! qu'elle eût aimé jeter à la figure de cette mijaurée le rappel de la scène dont elle avait été témoin!

— Je ne vous cache pas, Mrs., que votre certitude me gêne un peu...

— En quoi?

— J'étais parti sur la piste de Mr. Ardley... une femme infirme... une maîtresse qu'il eût souhaité épouser... sans compter une fortune dont il hériterait... Vous voyez, tout s'arrangeait pour me fournir un coupable idéal?

— J'en suis navrée pour vous, inspecteur.

— N'exagérons pas, madame. La vérité avant tout, n'est-ce pas?

Piaffant d'impatience, Imogène ne put attendre d'être suffisamment éloignée du *Bélier noir* pour s'enquérir :

— Votre opinion, inspecteur?

— Je n'ai pas encore d'opinion sur l'identité du meurtrier ou de la meurtrière, Miss. Par contre, j'ai deux certitudes.

— Ah!

— Mr. Brian Ardley et Mrs. Alison Inchbare sont deux fameux menteurs!

Imogène n'en demandait pas plus.

Mais il était écrit que cette journée, qui avait si mal commencé pour Miss McCarthery, ne se terminerait pas sans lui apporter de belles consolations. Sur le soir, alors qu'elle sortait pour sa promenade vespérale, elle aperçut un objet brillant devant sa porte. Elle se baissa et découvrit une boucle d'oreille. Son sang ne fit qu'un tour. L'une de ses ennemies avait laissé une pièce à conviction. Imogène examina longuement le bijou et tressaillit de joie féroce en le reconnaissant. Cette preuve, d'ailleurs, confirmait ses soupçons. Respirant à grands traits, elle se précipita vers Callander et ceux qui, d'aventure, la croisèrent, ne soupçonnèrent pas qu'ils venaient de voir la Némésis s'apprêtant à un grand nettoyage.

William McGrew fermait son épicerie, lorsque Imogène jaillit de l'ombre légère de la nuit commençante.

— Miss McCarthery!... Un peu plus, vous vous cassiez le nez sur mes volets! Quelque chose pour votre service?

— J'ai à vous parler, William.

— Ah?... c'est grave?

— Très.

— Ah?... c'est qu'à l'intérieur, il y a Elizabeth.

— Sa présence est indispensable.

— Ah?... Eh! bien, entrez.

— Un moment... Est-ce que cela vous rappelle quelque chose?

Et elle montra la boucle d'oreille à l'épicier.

— C'est à Elizabeth... Je lui ai offert ces babioles quand nous sommes allés à la foire d'Edimbourg, il y a sept ou huit ans... Elle était moins désagréable que maintenant... Elle va rudement être contente!

— Je n'en suis pas tellement certaine. Tenez, vous la lui remettrez vous-même.

En apercevant Imogène, Mrs. McGrew, qui finissait ses comptes de la journée, grogna :

— C'est fermé!

L'Ecossaise ne prit pas garde à cette remarque peu aimable et, sous le regard étonné de William McGrew, ferma elle-même la porte du magasin. L'épicière, furieuse, cria :

— Qu'est-ce qui vous prend? Vous vous figurez chez vous, ma parole?

— Excusez-moi, Mrs. McGrew, mais pour ce que

j'ai à vous confier à tous deux, il importe que nous ne soyons pas dérangés.

Sans piper mot, William posa la boucle d'oreille sur le livre où sa femme écrivait.

— Ma boucle! Où l'avez-vous trouvée?

— C'est moi qui l'ai trouvée, Mrs. McGrew.

— Ah?... je suppose que je dois vous remercier?

— Ne prenez pas cette peine maintenant... mais, à la fin de notre entretien, si vous le désirez.

Et sans plus tarder, Imogène conta au couple l'agression dont elle avait été victime à l'aube, et l'affreux traitement dont elle avait été l'objet. Mrs. McGrew, en dépit de tous ses efforts, ne parvenait pas à masquer une joie triomphante.

— Excusez-moi, Miss McCarthery, mais... mais je ne peux pas... m'empêcher de juger cela... excessivement drôle!

Et elle éclata de rire. Son mari se dressa de son tabouret et, cognant de toute sa force sur le rayon à portée de sa main, il rugit :

— Perdez-vous l'esprit, Mrs. McGrew? Vous estimez amusant ce guet-apens odieux? C'est scandaleux! des mœurs pareilles déshonorent une ville! Miss McCarthery, si vous découvrez ces misérables et que vous ayez besoin d'un coup de main, je suis à votre disposition!

L'épicière commença à avaler difficilement sa salive. Doucement, Miss McCarthery susurra :

— J'aurai sûrement besoin de votre aide, William, car je connais l'identité d'au moins une de ces femmes, et je me doute de l'identité des trois autres.

— Miss Imogène, vous êtes formidable! Et comment avez-vous appris?...

— Cette femme a laissé tomber une pièce à conviction sur le lieu de son forfait... Vous nous quittez, Mrs. McGrew?

— Il faut... que... que je prépare le dîner de... de mon mari...

William étendit une main apaisante.

— Aucune importance si vous êtes en retard ce soir, Elizabeth... Restez-là. Quelle pièce à conviction, Miss Imogène?

— Une boucle d'oreille.

— Une boucle...

Mrs. McGrew eut une sorte de râle étouffé lorsque son mari, se tournant lentement vers elle, demanda :

— C'est bien la vôtre, Elizabeth?

Le sourire triomphant d'Imogène galvanisa Mrs. McGrew et, au lieu de manifester le repentir qu'on pouvait attendre, elle s'emporta :

— Parfaitement, c'est la mienne! Oui, c'est moi qui ai fessé l'indomptable Imogène McCarthery! Ah! ah! Imaginez-vous ça, William? La non-pareille Miss McCarthery fouettée au sang devant sa propre maison?

— Je l'imagine très bien, Elizabeth.

— Et vous pouvez crier tant qu'il vous plaira, William McGrew, je m'en fiche! Et il est inutile de me menacer de la police, parce que vous ne pouvez témoigner contre moi, et que ce sera la parole de la McCarthery contre la mienne! Et si vous voulez divorcer, je serai bien contente d'être débarrassée d'un foutu ivrogne qui me mange tout ce que je gagne en me crevant à la tâche! Et maintenant, qu'est-ce que vous comptez faire tous les deux, hein?

— C'est à Miss McCarthery d'en décider, Elizabeth.

La narine palpitante, Imogène annonça :

— J'estime que nous devons faire subir à Mrs. McGrew le traitement qu'elle m'a infligé, et ce jusqu'à ce qu'elle consente à nous livrer le nom de ses complices.

L'épicier opina gravement :

— Cela me paraît tout à fait correct.

Et sans qu'on ait pu se douter qu'un homme aussi mou pouvait avoir des réflexes si prompts, William empoigna sa femme et l'amena à lui. Aussitôt, celle-ci se mit à piailler.

— Si vous ne vous taisez pas, Elizabeth, je vais vous bâillonner.

— Oseriez-vous porter la main sur votre femme devant Dieu, William McGrew?

— Moi? Vous frapper? Vous me jugez bien mal Elizabeth... Miss Imogène y suffira.

— Quoi? Vous...

Mais happée par le cou, l'épicière ne put continuer son discours et se trouva à plat ventre sur les genoux de son mari et solidement maintenue avant de réaliser pleinement sa situation.

Courtois, William annonça :

— Quand vous voudrez, Miss McCarthery.

D'un geste brusque, il releva les cotillons de Mrs. McGrew qui se mit à hurler, mais les voisins habitués à ce concert, ne s'émurent pas. Imogène s'empara d'un manche de balayette et s'approcha :

— Avec votre permission, Mr. McGrew.

— Vous pouvez y aller, Miss Imogène!

Et elle y alla.

CHAPITRE V

Miss McCarthery y alla même d'une poigne si vigoureuse que l'épicière demanda grâce au bout de deux minutes, mais ce fut son mari qui refusa d'entendre ses supplications, car en se vengeant, Imogène le vengeait du même coup.

— Réfléchissez encore un peu avant de parler, Elizabeth...

Mais Mrs. McGrew n'était plus en état de réfléchir. A travers la grosse main de son mari appliquée sur ses lèvres, elle poussait des râles de douleur. L'Ecossaise aux cheveux rouges sentait la fatigue lui ankyloser le bras lorsque sa victime finit par livrer les noms de ses complices avec qui, précisément, elle avait rendez-vous à neuf heures pour célébrer, au cours d'une fête intime, la réussite de leur embuscade. Ayant regagné sa chambre, Elizabeth n'eut pas la force de se déshabiller et dut, comme le matin Imogène, s'allonger sur le ventre, mais personne ne vint lui appliquer des compresses fraîches.Elle sombra dans une torpeur dont elle ne devait plus sortir jusqu'au lendemain.

L'épicier, demeuré seul avec Imogène, lui serra

vigoureusement la main en la félicitant de son cran.

— On croit tout savoir de vous, Miss Imogène, et toujours, vous vous surpassez! Elizabeth en a pour un sacré bout de temps à ne pas pouvoir s'asseoir et à me ficher la paix. Que Dieu vous bénisse! Ses amies risquent de l'attendre longtemps à leur petit raout!

La grosse Mrs. Plury recevait. Déjà, Mrs. Frazer et Mrs. Sharp ayant pris place autour de la table, salivaient d'impatience devant le superbe gâteau à la crème épaisse que leur hôtesse avait confectionné pour elles. Pour sa part, Mrs. Frazer avait rassemblé toutes ses ressources culinaires pour réussir, plus ou moins bien, un « tipey »(1) pas tellement cuit, mais qui, en revanche, ruisselait de rhum et de mélasse. Quant à Mrs. Sharp, elle se montrait très fière du blanc-manger qu'elle avait apporté et dont la gelée laiteuse tressaillait au moindre heurt de son support. Il y avait encore une jatte débordante de « junket » (2) et une autre pleine de « syllabub » (3), le tout accompagné de la traditionnelle pâtisserie aidant à éponger le thé : buns, scones, muffins. Ces dames qui, par un jeûne propitiatoire, s'étaient réservées pour ce festin, commençaient à trouver le temps long. La première, Mrs. Sharp témoigna d'une légitime impatience :

---

(1) Sorte de baba.
(2) Lait caillé parfumé au rhum.
(3) Crème fraîche au sucre et au vin cuit.

— Je me demande ce que peut bien fabriquer Elizabeth?

Mrs. Plury, la forte tête de la bande, lui donna la réplique :

— Sans doute aura-t-elle eu encore une querelle avec son ivrogne d'époux!

Mrs. Frazer soupira :

— La pauvre chérie... Quand sera-t-elle enfin libre?

Ce souhait supposait la disparition de William McGrew parti rejoindre les maris de ces dames en un univers enfin débarrassé de leurs conjointes. Elles se turent toutes trois, communiant dans une même pensée de reconnaissance émue envers leurs époux respectifs qui, en mourant, les avaient transformées en dames respectables, veuves des meilleurs hommes du monde, en même temps qu'ils leur rendaient leur liberté. Mrs. Sharp s'arrachant à ses songes s'ébroua pour dire :

— Je serais d'avis de nous donner une heure limite... et si à ce moment-là, Elizabeth n'est pas parmi nous, nous commencerons sans elle.

Ce projet réunit l'unanimité des suffrages et on suivit d'un œil discret la marche de la grande aiguille sur l'horloge du salon, durant le quart d'heure de grâce accordé à l'épicière. Mais au bout de quelques minutes, on entendit un pas sur le trottoir. Mrs. Plury leva le doigt, réclamant l'attention générale, et chuchota :

— Je crois que cette fois-ci...

Trois sourires de reconnaissance s'apprêtèrent à accueillir Elisabeth, mais lorsque la porte de Mrs. Plury s'ouvrit devant William McGrew, les sourires se figèrent. L'épicier salua ces dames et leur annonça que sa femme, empêchée, ne pouvait se rendre à leur invitation, mais qu'elle leur avait délégué quelqu'un pour la remplacer. Les trois dames ne comprenaient rien, tant à l'absence d'Elizabeth qu'à son incroyable sans-gêne, mais elles manquèrent tomber en syncope — William s'étant légèrement effacé — en voyant entrer Imogène McCarthery. D'émotion, Mrs. Frazer faillit en laisser choir son dentier. Mrs. Sharp fut sur le moment de s'évanouir. Quant à Mrs. Plury, la plus forte des trois, la fureur la congestionna au point de ne pas trouver les mots qui convenaient. Gracieuse, Imogène s'inclinait à la ronde et saluait ces dames. William McGrew ferma discrètement la porte à clé derrière lui et s'installa sur une chaise, à califourchon, bourra sa pipe, l'alluma et, les bras croisés sur le dossier de son siège, s'apprêta à ne rien perdre du spectacle qui allait lui être offert si Miss McCarthery entendait ne pas le décevoir.

Secouée d'indignation, Mrs. Plury se leva et, montrant la porte d'un geste solennel, ordonna :

— Sortez immédiatement, Miss McCarthery! Une créature aussi impudique que vous ne souillera pas cette demeure plus longtemps!

— Non.

— Non? C'est ce que nous verrons! Mr. McGrew, qui vous a donné permission de fumer?

— Moi.

— Mr. McGrew, je dirai deux mots à Elizabeth sur votre grossièreté! Sortez!

— Non.

Mrs. Plury devinait obscurément qu'un drame se préparait, et elle savait qu'elle ne pouvait guère compter sur l'aide de ses deux complices déjà terrorisées.

— J'appelle la police!

L'épicier l'approuva.

— Excellente idée, Mrs. Plury, j'ai justement dans ma poche la confession écrite de Mrs. McGrew donnant tous les détails sur l'agression que vous avez perpétrée en sa compagnie et avec ces dames ici présentes, sur la personne de Miss McCarthery...

Il suspendit son discours une seconde pour rallumer sa pipe.

— ... et je ne vois pas de quelle façon pourrait agir le sergent McClostaugh pour vous éviter la prison avant de comparaître devant le tribunal?

Mrs. Plury perdit pied et ses deux amies poussèrent un double gémissement des plus lugubres. L'épicier ajouta benoîtement :

— Mrs. McGrew a déjà reçu sa récompense...

Et les trois femmes tressaillirent à l'idée de ce que cette simple phrase laissait sous-entendre. Tentant de rassembler ses troupes en déroute avant même le début du combat, Mrs. Plury essaya d'une vaine arrogance.

— Les bavardages de votre femme ne m'intéressent pas, Mr. McGrew! Tous les mensonges qu'elle a pu débiter, il faudra les prouver! Et tout ceci n'est pas une raison pour que je sois obligée de supporter la présence, chez moi, de cette créature!

Le doigt vengeur de Mrs. Plury désignait Imogène dont le sourire parut du meilleur augure à William McGrew qui, estimant sa tâche terminée, se tut. Miss McCarthery s'approcha de la table.

— Eh! bien, je pense que voilà des gâteaux bien appétissants... Quelle fête vous apprêtiez-vous à célébrer, Mrs. Plury?

— Ça ne vous regarde pas, insolente!

— Un petit peu tout de même, Mrs. Plury. parce que sans moi, cette charmante réunion n'aurait plus d'objet... Quel magnifique gâteau!

Délicatement, Imogène saisit l'énorme pâtisserie dégoulinante de crème, œuvre de la maîtresse de maison qui, horrifiée de ce sacrilège, protesta :

— Je vous défends! Otez vos sales mains de ce gâteau! Il est à moi!

— Aussi vais-je vous le rendre, chère Mrs. Plury!

Et d'un geste vigoureux, elle l'aplatit sur le gros visage de son adversaire qui s'effondra. D'enthousiasme, l'épicier se claqua les cuisses. Merveilleuse Imogène! De la figure de Mrs. Plury montaient des grognements étouffés, et l'air expiré faisait naître des bulles dans la crème, l'enduisant du front au menton. Miss McCarthery prit un bel élan et, de son poing droit, flanqua un magnifique crochet au menton de Mrs. Plury qui s'étala de tout son long sur le tapis, sans connaissance. Les yeux exorbités, la bouche grande ouverte, Mrs. Frazer et Mrs. Sharp, médusées, semblaient rivées sur leurs chaises. Elles ne retrouvèrent leurs esprits qu'au moment où Imogène coiffa Mrs. Sharp avec la jatte de junket et Mrs. Frazer avec celle de syllabub. Spectacle inoubliable dont William McGrew ne perdait pas une miette afin d'en pouvoir faire un rapport exact aux habitués du *Fier Highlander*. Déjà, il supputait le nombre de tournées que son récit lui rapporterait.

Contrairement à ce qu'on aurait pu croire, les douches poisseuses dont elles avaient hérité réveillèrent l'ardeur de Mrs. Frazer et de Mrs. Sharp qui se ruèrent sur Imogène, la colère leur brouillant l'entendement.

Le sergent McClostaugh, les pieds dans ses pantoufles, attendait le moment de monter se coucher en dégustant son dernier whisky de la journée, lorsqu'on frappa vigoureusement à la porte du poste de police. Maugréant, sacrant contre tous les imbéciles dont le seul but dans la vie semble être d'embêter leur prochain, Archibald s'en fut ouvrir et se trouva nez à nez avec Dougal McBanchay, le marchand de vins et spiritueux, mais un Dougal fort excité qui cria :

— Venez vite, sergent, on est en train de s'égorger!

— De s'égorger? Où ça?

— Chez Mrs. Plury!

McClostaugh regarda son interlocuteur d'un air soupçonneux.

— Dites donc, McBanchay, vous n'auriez pas bu un coup de trop par hasard?

— Moi? En voilà une idée!

— Mrs. Plury est une honnête femme qui vit seule, et je ne vois pas comment son appartement pourrait être le lieu d'une tuerie?

— Je vous dis que de la rue, on entend les hurlements, les cris, les gémissements, les plaintes! Si vous voulez mon avis, ils sont une foule là-dedans!

— Bon, ça va... Mais si vous vous êtes fichu de moi, McBanchay, il vous en cuira!

Ayant remis ses chaussures, bouclé son ceinturon, coiffé son casque, Archibald s'en fut, de fort mauvaise humeur, en compagnie du commerçant.

Effectivement, on s'attroupait devant la fenêtre de Mrs. Plury : femmes en robes de chambres, hommes en manches de chemise. L'arrivée de McClostaugh fut saluée avec reconnaissance. Le sergent prêta l'oreille et dut convenir que son informateur n'avait pas menti. On devait s'étriper là-haut. Cette réflexion ne lui donna pas un désir fou de grimper voir ce qui s'y passait. Il jugea que la présence du constable Tyler s'affirmait indispensable. Il le proclama à haute et intelligible voix. Presque aussitôt, le menuisier Ewen Duns remarqua que si on attendait encore un peu, mieux vaudrait prévenir Cornway pour qu'il ramasse les cadavres, et il ajouta que si McClostaugh avait peur, il s'offrait de le remplacer. Le sergent voulut le prendre de haut, mais l'hostilité non déguisée de l'assistance l'obligea à faire contre mauvaise fortune bon cœur.

— Bon... si vous l'entendez comme ça... Je monte. Que mon sang vous retombe sur la tête!

Cette éventualité n'ayant paru troubler personne, Archibald s'enfonça dans le couloir d'où partait l'escalier, le cœur lourd d'amertume. L'indifférence des autres à son endroit le bouleversait. Au fur et à mesure qu'il progressait dans son ascension, le tumulte se précisait. Il hésita devant la porte, puis prenant son inspiration dans l'espoir de rassembler des énergies défaillantes, il frappa. Cela n'amena aucun apaisement à l'intérieur de la pièce. Finalement, la porte s'ouvrit, et McClostaugh s'étonna de reconnaître McGrew.

— C'est vous qui menez tout ce boucan?

— Moi? Je suis seulement spectateur.

— Spectateur de...

Les mots moururent sur les lèvres d'Archibald quand il découvrit le spectacle. Contre le bahut victorien, d'un tas de vêtements, sortait la tête de Mrs. Frazer, mais dans un état innommable. Vautrée dans un fauteuil et dans une posture d'une vulgarité effrayante, Mrs. Sharp, qui semblait enduite de lait caillé, respirait avec effort, le visage tuméfié, le corsage en lambeaux. McClostaugh s'étrangla :

— Qu'est... qu'est-ce que cela signifie?

A ce moment, son regard fut attiré vers le fond de la pièce où semblait se dérouler les phases ultimes d'un combat de catch. Il s'y dirigea et resta raide de saisissement en reconnaissant la très honorable Mrs. Plury, étendue sur le sol, la figure barbouillée ignoblement de crème et, à cheval sur elle, la bourrant de coups, Imogène McCarthery. Le sergent râla :

— J'aurai dû m'en douter!

Miss McCarthery suspendit son travail de démolition pour dire gentiment, quoique d'une voix un peu haletante :

— Bonsoir, Archie!

— Levez-vous immédiatement! Au nom de la Couronne!

— Laquelle?

McClostaugh empoigna Imogène par les épaules et s'apprêtait à l'arracher de sa position stratégique, lorsque la voix de l'épicier monta dans le silence que la défaite imposait aux trois veuves.

— Si j'étais vous, McClostaugh, je ne brutaliserais pas Miss McCarthery.

Piqué au vif, le sergent, abandonnant Imogène pour faire front à ce nouvel adversaire :

— Parce que c'est moi qui brutalise quelqu'un ici? D'abord, expliquez-moi ce qu'il s'est passé? Les raisons et les auteurs de ce carnage? Bien que l'auteur, je sache déjà qui il est, et cette fois, Miss McCarthery, vous ne vous en tirerez pas!

Imogène, après un dernier coup assené à Mrs. Plury, se releva :

— Croyez-vous, Archie?

— Il y a un témoin! William McGrew, je prends note de votre déposition!

— Rien à dire, sergent.

— Quoi?

— Je n'ai rien vu, rien entendu.

— Comment? Mais vous étiez là pourtant!

— Je venais juste d'arriver quand vous-même vous vous êtes présenté.

— Vous mentez, William McGrew!

— Prouvez-le?

— Vous avez partie liée avec cette damnée sorcière!

Le grondement poussé par Miss McCarthery fit

pivoter rapidement le sergent sur lui-même, ce qui lui permit de parer le coup que lui portait Imogène.

— Damnée sorcière, hein?

William McGrew s'apprêtait à assister à un second combat lorsque Mrs. Plury, reprenant goût à la vie, fit entendre un certain nombre de borborygmes du plus curieux effet. Comme appelées par ces onomatopées indistinctes, Mrs. Frazer et Mrs. Sharp retrouvèrent conscience. Et presque aussitôt, ce fut un concert de plaintes, de menaces, de protestations dont l'ensemble formait un chœur aux échos assez sinistres. Oubliant Miss McCarthery et le danger qu'elle représentait, McClostaugh allait de l'une à l'autre des victimes, leur tapant dans les mains, tentant vaguement de les débarbouiller. Toutes trois haletaient. Enfin, le sergent parvint à les remettre sur leurs sièges.

— Et maintenant, mesdames, laquelle d'entre vous me raconte ce qui s'est passé dans cette pièce?

Ayant récupéré une partie de son énergie, Mrs. Plury gronda :

— Moi! et quand j'en aurai fini, si cette abominable créature sort d'ici autrement que les menottes aux poignets, je vous accuserai de forfaiture devant le tribunal du comté, Archibald McClostaugh!

— Je ne prise pas beaucoup ce genre de menaces, Mrs. Plury, mais en tout état de cause, dites-vous bien que ce sera un plaisir pour moi que de traîner Miss McCarthery en prison, tout en regrettant que l'usage du pilori ne soit plus dans nos mœurs! Je vous écoute, Mrs. Plury!

— Si vous deviniez ce qu'elle m'a fait!

Mrs. Frazer souligna aigrement :

— Ce qu'elle nous a fait!

McClostaugh frétillait d'aise. Il y avait un moment qu'il espérait cet instant béni qui lui permettrait de rassembler suffisamment de charges contre Imogène McCarthery pour prendre sur sa vieille ennemie une revanche définitive. Une seule chose pourtant l'inquiétait quelque peu : l'air de souverain désintéressement de la délinquante et le regard narquois de William McGrew. Sans doute, crânaient-ils pour tenter de sauver la face?

— Allez-y, chère Mrs. Plury! Je peux écrire toute la nuit si le cœur vous en dit!

— Eh! bien, figurez-vous, sergent, que mes amies et moi-même avions organisé une petite réunion privée et pour ces agapes, nous avions confectionné nous-mêmes ces gâteaux que nous n'aurons même pas goûtés!

Mutine, Imogène menaça Mrs. Plury du doigt :

— Comme c'est vilain de mentir, darling! Vous avez encore de la crème sur la figure...

Mrs. Plury poussa une sorte de barrissement et Archibald, émerveillé, se demanda comment elle s'y prenait pour émettre un pareil son. Mais, vaincue, Mrs. Plury retomba lourdement sur sa chaise et ne put que supplier :

— Sergent... je ne veux pas qu'elle m'appelle darling!

Sévère, Archibald se tourna vers Imogène.

— Prenez garde, Miss McCarthery! Vous aggravez votre cas!

— Ce que vous ne sauriez faire avec le vôtre, Archie, car il est rédhibitoire!

McClostaugh se contint, se bornant à remarquer :

— Chaque chose en son temps... Vous paierez tout d'un coup! Et maintenant, Mrs. Plury, vous vous décidez?

— Parfaitement, je me décide! Et ne soyez pas impertinent à votre tour, jeune homme! Donc, nous étions là, attendant l'arrivée de notre amie Elisabeth McGrew, encore une malheureuse qui n'a pas eu de chance dans la vie. Elle est mariée à un ivrogne brutal...

Archibald approuva :

— Voilà un excellent portrait, Mrs. Plury... Nous ne prononcerons aucun nom, mais nous nous comprenons, n'est-ce pas?

Très content de lui, il fit entendre un rire torrentiel et dans la rue, les badauds dépités s'en retournèrent chez eux, jugeant sévèrement Mrs. Plury qui, à son âge, se permettait des farces d'un goût qu'on s'accorda à juger douteux. Ces braves gens ne se doutaient guère que là-haut, juste au-dessus de leurs têtes, on frisait la catastrophe à chaque minute. Après sa remarque pleine d'humour, McClostaugh s'apprêtait à inviter son interlocutrice à poursuivre, lorsque McGrew s'approcha de lui :

— Vous n'avez prononcé aucun nom, d'accord... mais je ne pense pas qu'Elisabeth McGrew ait un autre mari que moi, sergent?

— McGrew, fichez-moi la paix. Vos tentatives de diversion ne serviront en rien la cause de votre amie qui est peut-être votre complice! D'abord, qu'est-ce que vous fabriquez ici? Vous avez été invité?

Mrs. Sharp glapit :

— Ah! ça, non! alors!

— Vous entendez, Mr. McGrew? Déguerpissez et vite, ou bien je vous emmène au poste!

— Tout seul?

— Dois-je entendre que vous vous révolteriez, McGrew?

— Je ne me révolterai pas, mais je vous casserai la figure!

— Des menaces, hein? Eh! bien, vous l'aurez voulu! Vos noms, prénoms et qualités?

— Devinez?

— Vous vous appelez McGrew!

— Si vous le savez, pourquoi me le demandez-vous?

— Parce que c'est dans le règlement!

— Et si vous vous arrêtiez un moment de jouer les imbéciles, McClostaugh?

— Quoi?

— Juste le temps de vous lire une confession que ma femme a écrite...

Les trois veuves, réalisant brusquement le piège où elles allaient tomber, poussèrent une triple exclamation d'effroi. Archibald revint à elles.

— Qu'est-ce qu'il vous arrive? Vous n'avez pas à avoir peur, je suis là!

Mrs. Plury, s'imposant un effort qui lui hachait le souffle affirma :

— Mais nous n'éprouvons aucune crainte, sergent. Nous sommes entre amis...

— Entre amis?

— Ce cher Mr. McGrew est l'époux de notre bonne Elisabeth.. Avez-vous jamais vu un couple mieux assorti, sergent?

Souriant, l'épicier renfonça dans sa poche le papier qu'il en avait à demi tiré.

— Pourtant, ne disiez-vous pas...

— Il ne faut pas prêter grande attention à mes paroles, sergent, je suis un peu fatiguée.

— C'est ce que je vois! A propos de fatigue, revenons à l'agression dont vous avez été victime, de même que ces dames, de la part d'Imogène McCarthery.

— Une agression? Où avez-vous été chercher une idée pareille, sergent?

— Où j'ai... Mrs. Plury, vous vous sentez bien?

— Très bien, merci, et vous?

— Moi?... Moi, Mrs. Plury, j'attends des explications sur votre bataille avec Miss McCarthery!

— Une bataille? Que voilà un bien grand mot pour un simple jeu de société que nous avons mené avec un peu trop de chaleur, peut-être, en oubliant nos âges... Je parle pour mes amies et moi, naturellement, car Miss McCarthery est si incroyablement jeune!...

Mrs. Frazer estima judicieux de roucouler un « Chère Miss McCarthery... » qui voleta dans la pièce, et Mrs. Sharp, désignant Imogène, affirma :

— Elle est toujours si pleine d'entrain!

McClostaugh regarda les visages souillés des trois veuves, le sourire amical d'Imogène, l'œil impertinent de McGrew et se demanda s'il n'était pas la proie d'un cauchemar, si McBanchay était bien venu le chercher, s'il ne rêvait pas toute cette histoire saugrenue.

— Ecoutez, Mrs. Plury, et vous aussi, Mrs. Frazer, Mrs. Sharp... il s'agit de bien s'entendre! Oui ou non, Imogène McCarthery est-elle entrée ici de force ou par surprise?

Mrs. Sharp eut un hoquet d'indignation.

— Elle? Elle en serait bien incapable, la pauvre chère âme!

Mrs. Plury surenchérit :

— Elle était notre invitée!

Dans un râle, Mrs. Plury assura :

— Et... et nous nous sommes bien amusées...

Archibald passa une main tremblante sur son front moite : ou elles étaient folles, ou il était fou!

— Mrs. Plury, quand je suis entré, Miss McCarthery vous frappait sauvagement!

— Sauvagement, sergent? Vous avez de ces expressions!... J'avais perdu un gage, tout simplement...

Hébétée, McClostaugh répéta :

— Un gage...

Puis, il hurla :

— Et le gâteau sur votre figure, le junket sur la tête de Mrs. Sharp!...

Ces dames gloussèrent :

— Des gages... des gages... des gages...

Imogène interpella celles qui la défendaient :

— Le sergent McClostaugh est étranger... Il n'est donc pas au courant de nos divertissements...

— De vos divertissements, hein? Alors,

Mrs. Plury, vous ne portez pas plainte si je vous comprends bien?

— Et contre qui porterais-je plainte, s'il vous plaît?

Le lendemain matin, le garde-pêche Angus McIntyre racontait à tous ceux voulant l'entendre qu'il avait rencontré trois fois, au cours de la nuit, le sergent McClostaugh qui, les coudes au corps, courait au pas de gymnastique dans les rues désertes de Callander, en répétant : leurs divertissements... leurs divertissements... leurs divertissements... n'interrompant sa stupide litanie que pour rire d'un petit rire bref et idiot. De l'avis du garde-pêche, le sergent retombait en enfance.

Naturellement, les boutiques n'étaient pas encore ouvertes que toute la ville était au courant de l'incroyable combat soutenu et gagné par Imogène McCarthery en présence d'un témoin irréfutable : William McGrew. Les amis de l'Ecossaise aux cheveux rouges louèrent hautement le Seigneur de leur avoir donné une occasion nouvelle d'admirer leur héroïne, tandis que le révérend Haquarson se demandait sérieusement si cette Imogène ne se révélait pas une incarnation, non prévue par les Livres Saints, de l'Antéchrist? Quoi qu'il en soit, cet épisode fameux resta dans les annales de Callander sous le nom de « Bataille des Trois Veuves ».

Le constable Samuel Tyler, en apprenant la chose, se douta de l'abattement profond où devait se trouver son supérieur hiérarchique encore une fois vaincu. Il hâta le pas pour le rejoindre au plus tôt, car il redoutait un geste désespéré de sa part. Sur son chemin, il rencontra Rosemary Elroy, la vieille gouvernante de Miss McCarthery. Il prit aussitôt une mine de circonstance :

— Eh! bien, elle en a encore mis de belles à son actif, notre Imogène!

Mais, contrairement à ses prévisions, la vieille femme se redressa :

— Elle a rudement bien agi, Imogène McCarthery, en payant à ces monstres le prix de leur forfait! Ça, au moins c'est une écossaise du vieux pays! Elle sait se faire respecter pendant que ceux qui sont payés pour assurer la sauvegarde de leurs concitoyens sont toujours absents! Et je le dis pour qui veut m'entendre, Samuel Tyler!

Et sur ce, Rosemary Elroy tourna le dos au constable qui en demeura tout désorienté.

Le constable pénétra dans le bureau de police sur la pointe des pieds. Il redoutait le spectacle qu'il y pouvait découvrir. Archibald McClostaugh, encore en pyjama, ayant simplement passé sa tunique, pas peigné, vraisemblablement pas lavé, était assis à son bureau, l'œil perdu dans un infini imperceptible à tout autre que lui. Samuel risqua un timide :

— Bonjour, sergent...

Archibald leva sur son subordonné un regard épais et dit d'une voix caverneuse :

— Samuel Tyler...

— Oui, c'est moi, sergent... Quels sont les ordres?

— Il n'y a pas d'ordres.

— Ah?

McClostaugh se leva pesamment.

— Un sauvage des Borders ne peut se permettre de donner des ordres à un Highlander, cette fine fleur de la civilisation!

— Sergent...

— Car je suis un sauvage, Tyler? Vous entendez? Un sauvage! J'arrive d'un pays arriéré où les vieilles dames, quand elles se réunissent pour prendre le thé, ne croient pas nécessaire de se vider des compotiers de marmelade sur la tête, de se rouer de coups et de se déchirer mutuellement leurs vêtements sous l'œil intéressé d'un commerçant du coin, appelé comme juge et arbitre! Chez nous, les vieilles dames boivent leur thé en papotant. Des arriérées!

McClostaugh se coiffa de son casque et se dirigea vers la porte.

— Adieu, Tyler...

— Vous... vous partez, sergent?

— Je retourne dans mes Borders natals, chez les sauvages!

— Sergent... mettez au moins votre pantalon!

— Si je mets mon pantalon, je vais passer pour un original dans votre pays de gens civilisés!

— Sergent, vous ne pouvez pas abandonner l'enquête! Un crime a été commis!

— Et alors? Simple divertissement pour les chers Highlanders! Je vais vous avouer une chose, constable Tyler : vos Highlanders peuvent tous s'étriper, je m'en contrefous! Au contraire, je souhaite qu'un vent de divertissements meurtriers souffle sur ce pays et qu'il extermine tous vos sacrés compatriotes, Samuel! Alors, peut-être pourrai-je dormir en paix une nuit entière!

Avec cette belle satisfaction de soi-même que donne le devoir accompli, Imogène s'était éveillée dans un sourire. Sitôt qu'elle fut de nouveau en possession de tous ses moyens, elle adressa un coup d'œil complice à Robert Bruce qui, pour l'éternité, sur son tableau, ne cessait de préparer la bataille de Bannonckburn. Tout en se défendant de comparer des choses incomparables et d'assimiler les trois veuves aux troupes anglaises d'Edouard II, Miss McCarthery estimait qu'elle s'était encore rapprochée de son héros favori. La joie au cœur, elle revécut les heures passionnantes de la veille au soir, eut une pensée émue pour la fidélité de William McGrew, et ne put s'empêcher de rire au souvenir de la tête de McClostaugh devant la défection des victimes. Triomphe sur l'épicière, triomphe sur l'alliance des trois veuves; nouvelle victoire sur le sergent, qu'aurait pu demander de plus la farouche Ecossaise? Un regret, cependant, la chatouillait : qu'elle ne pût être chargée de mener à sa guise l'enquête sur le meurtre de Mona Ardley. Elle aurait obligé la nommée Alison à passer aux aveux en la traitant comme elle avait traité Mrs. Plury et ses complices. Imogène tenait pour la manière forte et déplorait la mollesse d'Alistair Laggan, un Ecossais pourtant, mais quelque peu dégénéré par un trop long séjour londonien.

L'inspecteur Laggan apprit les événements de la nuit par le patron de *La Cruche d'Argent* où il logeait, un petit hôtel discret dirigé par un vieux couple s'intéressant peu à la vie de Callander, sauf quand il s'y produisait des événements de l'importance de celui dont Imogène avait été l'héroïne principale. D'abord incrédule, le policier dut bientôt se rendre à l'évidence à l'audition des détails fournis et qui, pour l'heure soulevaient la joie ou l'indignation de la petite ville. Décidément, le superintendent n'avait pas menti en parlant de l'importance sociale de Miss McCarthery à Callander. Seulement, Alistair jugeait que son adjointe devenait quelque peu encombrante. Pour en avoir le cœur net, il téléphona au poste de police et, ayant appris de la bouche du constable, fort gêné, que le sergent se trouvait dans l'impossibilité de prendre lui-même la communication, il décida d'aller sur place se rendre compte de la situation.

En dépit de l'heure matinale, Laggan rencontra nombre de gens sur son chemin qui paraissaient plongés dans de véhémentes discussions. Une fois encore, Miss McCarthery bouleversait Callander, désespérant ses ennemis, enchantant ses amis. En passant devant le *Fier Highlander*, l'inspecteur vit un attroupement. Il le frôla en prêtant l'oreille et, s'éloignant, il pensait, après avoir entendu ce qu'il venait d'entendre, que les Français devaient parler en termes équivalents de leur Jeanne d'Arc.

Tout de suite, Laggan sentit une sorte de sentiment de pitié l'envahir à la vue du visage défait d'Archibald McClostaugh qui n'eut même pas la force de se lever de son siège pour le recevoir. Samuel Tyler, vers qui Alistair se tourna en une interrogation muette, écarta les bras pour témoigner, tout ensemble, de son incompréhension et de son impuissance.

— Et alors, sergent, quelque chose qui ne va pas?

Au lieu de répondre, Archibald se mit à rire stupidement. Inquiet, l'inspecteur insista :

— McClostaugh, qu'avez-vous?

— Je ne suis pas un Highlander, sir.

— Et alors?

— Et alors, je suis un sauvage, un arriéré, un non civilisé, le représentant d'une humanité inférieure!

— Qu'est-ce que c'est que cette plaisanterie?

— Pas une plaisanterie, sir; une autocritique! En venant occuper mon poste à Callander, j'ai dû violer un tabou, car depuis mon arrivée, on ne cesse de me traiter de façon scandaleuse...

— N'exagérez-vous pas un peu?

— Moi?

Archibald émit une sorte de feulement qui fit courir dans sa barbe des ondes discrètes.

— Il est trop tard pour que j'adopte les mœurs des Highlands, sir. Je suis condamné à rester un paria. J'ai toujours eu foi dans la police de Sa Majesté, sir, j'ai toujours appliqué les lois du royaume et je me figurais qu'elles s'appliquaient partout. Je me trompais. Ici, dans les Highlands, on vit dans une civilisation spéciale. Une sacrée grande cavale d'Ecossaise à cheveux rouges tue, frappe, assassine, me tourne en ridicule non seulement aux applaudissements de la population, mais encore avec l'approbation de mes supérieurs! De vieilles dames apparemment paisibles se battent comme des portefaix et m'affirment en souriant que c'est la distraction courante dans les Highlands... Et mon adjoint, le constable Samuel Tyler, trouve tout cela parfaitement normal et estime correct que cette maudite Imogène fasse courir le bruit que j'ai voulu la violer! Vous m'excuserez, sir, mais je me retire d'un jeu où tout est truqué... Peut-être, si j'étais Highlander, jugerais-je autrement, mais, je ne suis pas Highlander. Je vous prie de m'en excuser, mais le fait est là, je suis né dans les Borders... Nul doute que si ma pauvre défunte mère avait pu prévoir ce que son inconséquence réservait à son petit Archibald, elle se serait arrangée pour accoucher au sommet du Ben Nevis... car c'était une bonne mère, sir, que ma maman.

— J'en suis persuadé, sergent!

— Merci de votre compréhension, sir. Sur ce, je monte me coucher et mourir si Dieu le veut, à moins que Lui aussi ne soit Highlander!

Archibald McClostaugh sortit de la pièce, laissant l'inspecteur Laggan quelque peu incertain quant à l'état de sa santé mentale. Il émergea de sa perplexité pour demander à Tyler :

— Il est souvent comme cela, constable?

— Assez souvent, sir, depuis le retour d'Imogène McCarthery à Callander.

— Bon, venez avec moi, Tyler; nous allons dire deux mots à Miss McCarthery!

Imogène, qui l'avait accueilli avec les allures d'une impératrice recevant l'hommage d'un vassal, prit très mal les remontrances du policier lui soulignant que son attitude à l'égard du sergent McClostaugh non seulement était inadmissible sur le plan humain, mais encore intolérable sur le plan professionnel. Par sa faute, la police de Sa Majesté perdait tout pouvoir à Callander et il entendait que cette situation changeât au plus tôt. Ce à quoi Miss McCarthery répondit qu'elle n'avait de leçon à recevoir de personne, que ce n'était pas de sa faute si la police de Callander était exercée par un incapable, incapacité qu'elle estimait être également le lot de certaines personnes qui paraissaient ne pas pouvoir se sortir des missions à eux confiées. Laggan n'était pas tellement habitué à s'entendre traiter de façon aussi cavalière. Enervé, il s'enquit :

— C'est pour moi que vous dites ça, Miss?

— Qui se sent morveux se mouche, inspecteur!

— Attention, Miss! Il ne faudrait tout de même pas me prendre pour un McClostaugh!

— Ni moi pour une de vos poupée citadines!

L'idée qu'on put assimiler Imogène à une poupée parut si plaisante à Alistair qu'il ne put tenir son sérieux et recouvra du coup son flegme.

— Si je vous suis bien, Miss McCarthery, vous n'approuvez pas du tout la manière dont je mène l'enquête au sujet du meurtre de Mrs. Ardley?

— Pas du tout.

— Voudriez-vous m'en donner les raisons?

— Avec plaisir. Depuis que vous êtes arrivé ici,

vous savez parfaitement qu'Alison Inchbare est la coupable, mais parce qu'elle passe pour jolie fille aux yeux de certains, instinctivement, vous répugnez à la confondre. Notez que je n'affirme absolument pas que vous trahissez votre charge. Simplement, vous faites des complexes et l'idée de passer les menottes à Alison, de la pousser en direction de la potence vous coagule l'esprit. Voilà tout.

— Parce qu'à votre avis, c'est forcément Mrs. Inchbare la coupable?

— Au moins l'inspiratrice du crime. D'ailleurs, vous-même avez reconnu que Brian Ardley et elle nous ont menti.

— Et alors?

— Et alors, si j'étais à votre place, je foncerais!

— C'est-à-dire?

— C'est-à-dire que je ferais appeler Alison, je lui apprendrais que je suis au courant de son intrigue avec Brian, et je la forcerais à avouer.

— En usant de la méthode que vous avez employée hier soir avec vos adversaires?

Miss McCarthery enveloppa son interlocuteur d'un regard critique avant de laisser tomber, dédaigneuse :

— Je ne vous en crois pas capable.

— Et vous avez raison. Mais néanmoins, nous allons procéder comme vous le souhaitez et nous verrons bien si cela nous mène à quelque chose. Tyler?

— Sir?

— Prenez ma voiture, filez chercher Mrs. Inchbare et ramenez-la ici.

Heureusement pour Tyler, le major n'était pas

chez lui lorsqu'il s'y présenta, et Alison Inchbare ne parut pas autrement surprise de cette convocation inopinée. Passant un manteau sur sa tenue de jardinière, elle ne souleva aucune difficulté pour s'installer à côté du constable dans la voiture. Tout au plus s'étonna-t-elle du chemin qu'il empruntait et quand elle sut qu'ils se rendaient chez Mrs. McCarthery, elle remarqua aigrement :

— Je me demande bien en quoi tout cela la regarde!

Tyler, toujours prêt à défendre son amie d'enfance, souligna les succès anciens d'Imogène dans d'autres affaires criminelles, oubliant sciemment les bévues de l'Ecossaise, soit qu'il ne voulut point ternir sa réputation, soit qu'il fut déjà intoxiqué par la légende.

En entrant dans le living-room de Miss McCarthery, Alison feignit de ne pas voir cette dernière et s'adressa directement à Laggan.

— Vous m'avez presque fait enlever par votre constable, inspecteur. Si mon mari s'était trouvé là, il aurait exigé des explications...

— Et vous, madame?

— Quoi, moi?

— Vous ne me les demandez pas ces explications?

— Je pense que si vous réclamez ma présence ici, c'est justement pour me les fournir. Est-ce que je me trompe?

— Pas du tout. Je vous ai envoyé chercher, Mrs. Inchbare, parce que je ne tiens pas à ce que le major entende ce que j'ai à vous dire.

— C'est donc si grave?

— Je me figure que pour un mari, il est toujours grave d'apprendre que sa femme le trompe.

— Inspecteur!

— Madame, ne perdez pas votre temps et ne m'obligez pas à perdre le mien, je vous en prie, dans des dénégations inutiles. Persuadez-vous que si je me permets pareille affirmation, c'est que je suis sûr de moi. Vous êtes la maîtresse de Brian Ardley.

— Justement pas. Je regrette de priver Miss McCarthery du plaisir de répandre la nouvelle dans Callander...

L'Ecossaise bondit :

— Si vous me connaissiez mieux, Mrs. Inchbare, vous sauriez que je n'ai rien d'une potineuse et que s'il m'arrive, par la force des choses, d'intervenir dans les affaires des autres, ce n'est sûrement pas pour fouiller dans leur linge sale, mais bien pour aider à l'arrestation d'un criminel. Et pour vous mettre plus à l'aise encore, c'est moi qui ai révélé à l'inspecteur Laggan la nature de vos relations avec Brian Ardley.

— Sale...

— Si j'étais vous, Mrs. Inchbare, je n'emploierais pas ce genre d'argument, car je suis de taille à vous le faire regretter.

— Et vous osez prétendre que vous ne vous mêlez pas de ce qui ne vous regarde pas?

— La mort de Mona Ardley me regarde!

— Mais, en quoi?...

— Mona Ardley est morte parce qu'elle gênait. Je vous ai surprise, par hasard, Mrs. Inchbare, revenant un soir de la semaine dernière, quelques heures avant la mort de Mona Ardley, en compagnie de Brian Ardley, j'ai surpris votre conversation où vous incitiez votre amoureux à se libérer de sa femme, j'ai assisté à votre étreinte...

— Plaisirs de vieille fille frustrée!

— Voilà une pensée vulgaire qui ne pouvait naître que dans l'esprit d'une ancienne girl!

— Garce!

— Ehontée!

Dans ce genre d'invectives, il apparut très vite évident qu'Imogène ne possédait pas le riche vocabulaire de sa rivale. Laggan mit un terme à cette joute oratoire.

— Mrs. Inchbare, la question n'est pas d'étudier les motifs secrets de Miss McCarthery, mais plus spécialement de savoir si elle dit ou non la vérité?

Alison hésita un court instant avant d'avouer :

— D'accord... Elle n'a pas menti...

— Dans ces conditions, Mrs. Inchbare, acceptez-vous quand même de me fournir les explications que j'attends?

— Oui. Cependant, n'en déplaise à la rouquine, je n'ai pas plus tué Mona que je n'ai poussé son mari à l'assassiner.

— Je vous écoute, Mrs. Inchbare.

— Puis-je m'asseoir?

— Je vous en prie.

En une seconde, Alison avait perdu toute sa frémissante indignation. Elle n'était plus qu'une jeune femme triste, humiliée et que le chagrin vieillissait. Elle parla d'une voix sourde et lasse :

— Il est parfaitement exact que Brian et moi nous nous aimons. Nous ne sommes, nous n'étions ni l'un ni l'autre heureux dans nos foyers respectifs. A quoi bon vous en donner les raisons? Vous avez vu mon mari et Mona était infirme... Le pire, voyez-vous, c'est que nous n'avions rien à reprocher à nos conjoints, sinon que leur présence nous interdisait d'être heureux comme nous le voulions, de toutes nos forces.

— J'espère, Mrs. Inchbare, que vous vous rendez parfaitement compte de la gravité de vos propos?

— Je ne suis pas stupide, inspecteur. Croyez-vous, si j'étais coupable, que je vous fournirais d'aussi solides arguments contre moi?

— Oui, si vous étiez très habile... Je me suis laissé dire que, contrairement à ce que vous me laissez entendre, Brian Ardley aimait beaucoup sa femme?

— Cela dépend du sens que l'on donne à ce verbe. Brian devait énormément à Mona et lui était profondément attaché... Pour lui, elle représentait la mère qu'il n'avait jamais connue, la sœur qu'il eût souhaité avoir, mais sûrement pas une femme... son infirmité le lui interdisait... Brian est encore jeune. Peut-on le blâmer d'aspirer à autre chose dans la vie qu'au rôle de garde-malade?

— Et vous?

— Moi, c'est un peu la même histoire, inspecteur. Le major m'a sortie du milieu où je m'enlisais et où je serais devenue Dieu sait quoi... Moi aussi, je dois beaucoup à Dermot. Cette reconnaissance n'implique pas la tendresse...

— Tandis que vous aimez Brian Ardley?

— Je l'aime autant qu'il m'aime.

— Et vous êtes sa maîtresse?

— Non... Essayez de me comprendre, inspecteur, je vous en prie! Ce qui nous lie, Brian et moi, est bien autre chose qu'une attirance physique. Bien sûr, il nous arrive de nous embrasser quand nous nous croyons seuls, lorsque nous ignorons être espionnés. Mais jamais l'idée ne nous serait venue de bâtir notre bonheur sur un crime! De plus, si la mort de Mona libérait Brian, elle ne me libérait pas moi, et vous conviendrez que commettre deux meurtres, en admettant que nous en eussions été capables, aurait été un aveu.

— Vous pouviez demander à votre mari de divorcer?

— Ce serait inutile. Dermot n'acceptera jamais.

— Alors, qu'espériez-vous?

— Je voulais que Brian persuade Mona d'accepter le divorce... Excusez-moi, mais son infirmité eut été un bon argument. Quant à moi, je me serais sauvée.

— Et votre plan a échoué?

— Il n'a même pas été appliqué.

— Pour quelles raisons?

— Brian pensait que son départ ou sa seule intention de partir tuerait Mona... Mona sans laquelle il ne serait pas le peintre qu'il est devenu. Nous nous sommes résignés à gravir notre calvaire jusqu'au bout. J'avais l'intention de demander à Dermot de quitter l'Ecosse en arguant que je ne pouvais supporter le climat.

— Et... providentiellement, quelqu'un a tué Mona Ardley.

— Oui...

— Quelqu'un au courant de vos projets et qui a désiré vous éviter une besogne pas très ragoûtante...

— Je ne sais pas et cela m'est égal.

— Vous admettrez qu'il n'en soit pas de même en ce qui me concerne, Mrs. Inchbare, et que je puisse montrer un peu plus de curiosité? Vous pouvez rentrer chez vous. Jusqu'à preuve du contraire, je tiens ce que vous m'avez confié pour exact. Néanmoins, vous voudrez bien ne pas quitter Callander sans m'en avertir.

Alison les ayant quitté, l'inspecteur ordonna à Samuel :

— En attendant que votre sergent retrouve son calme, constable, vous visiterez tous les marchands de produits pour le jardinage, tous les droguistes pour savoir si oui ou non, ils ont vendu ces temps derniers une drogue à base d'arsenic à Brian Ardley.

Imogène remarqua :

— Si quelqu'un achète ce genre de poison, inspecteur, c'est Neil Kincarley.

— D'ordinaire, sans aucun doute, mais figurez-vous, Miss McCarthery, que le poison trouvé dans l'estomac de la victime ne correspond pas à celui contenu dans les poudres dont se sert Neil Kincarley. Vous venez?

— Où cela?

— Chez Brian Ardley. Puisque c'est votre méthode que j'applique, autant que vous en surveilliez l'exécution jusqu'au bout. Constable, pressez-vous, n'est-ce pas?

La voiture de Laggan dépassa Alison Inchbare et, constatant l'allure lasse de la jeune femme, Imogène ne put se défendre d'un mouvement de pitié.

— On pourrait la prendre avec nous?

— Non.

— Pourquoi?

— Parce que je tiens à interroger Ardley avant qu'elle n'ait eu le temps de le mettre au courant.

Janet Slamanan ne parut pas tellement enchantée de revoir le policier et Miss McCarthery. Elle grogna :

— Qu'est-ce que vous voulez encore?

— Où est Mr. Ardley?

— Dans son atelier. Il travaille...

— Il a raison. Le travail est le meilleur dérivatif. Vous venez, Miss?

La femme de charge protesta.

— Attendez au moins que je le prévienne!

— Pas la peine, nous connaissons le chemin.

Ils entrèrent sans frapper dans l'atelier de Brian et surprirent le peintre assis sur un tabouret, la tête entre ses mains et ne paraissant pas du tout disposé à peindre.

— L'inspiration vous manque, Mr. Ardley?

Brian sursauta et se leva, hargneux.

— Voilà de curieuses façons, inspecteur? Où avez-vous appris de telles manières?

— Au contact des criminels, Mr. Ardley.

— Il me semble pourtant que la plus élémentaire correction...

— La correction n'est pas de mise quand on recherche l'auteur d'un meurtre. Et puis, Mr. Ardley, c'est moi qui vous interroge, que cela soit bien entendu, n'est-ce pas?

Le peintre haussa les épaules.

— Allez-y, si cela vous amuse...

— Disons plutôt que cela m'intéresse. Etes-vous l'amant de Mrs. Inchbare?

— Vous voulez mon poing sur la figure?

— Je ne vous conseille pas ce genre d'initiative, Mr. Ardley, et je vous conseille également de cesser une comédie inutile. Je répète ma question : êtes-vous l'amant de Mrs. Inchbare?

— C'est une calomnie grotesque!

— Vous ne semblez pas comprendre vite, hein?

— Non, je ne suis pas l'amant de Mrs. Inchbare!

— Et vous ne l'aimez pas, enfin, dans le sens où vous m'entendez?

— Non.

Il y eut un court silence avant que Laggan ne reprît calmement :

— Curieux... Si vous n'aimez pas Mrs. Inchbare, quel besoin avez-vous de la prendre dans vos bras, la nuit, lors de vos retours de rendez-vous nocturnes et de l'embrasser tendrement?

— C'est un mensonge! Qui a pu vous rapporter une chose pareille?

— Mrs. Inchbare.

Brian parut vaciller.

— Vous... vous avez de nouveau interrogé Alison? Pourquoi?

— Parce que je fais mon métier.

Surveillé par l'inspecteur, Ardley sortit une cigarette de sa poche, l'alluma, aspira, rejeta la fumée, regarda Laggan et Imogène, puis montrant cette dernière :

— Il est indispensable qu'elle soit là?

— Elle m'aide beaucoup.

— Oh! Et puis cela n'a plus grande importance... Oui, Alison et moi, nous nous aimons.

— Votre femme le savait?

— Je suis sûr que non.

— Quels étaient vos projets?

— Des projets stupides!...

— Mais encore?

— Le baluchon et la fuite au petit matin ou en pleine nuit... enfin, toutes ces sottises qu'on n'estime pas être des sottises quand on aime... comme Alison et moi nous nous aimons.

— Et vous n'êtes pas partis...

— Non.

— Pourquoi?

— Peut-être parce que je suis un lâche... J'étais la raison de vivre de Mona... Elle n'aurait jamais accepté le divorce... Fuir l'aurait tuée... Il y a des crimes que l'on n'a pas le droit de commettre.

— Nous n'avons le droit de commettre aucun crime, Mr. Ardley.

— Vous croyez que j'ai tué Mona, n'est-ce pas?

— Persuadez-vous, Mr. Ardley, qu'un policier ne croit jamais quoi que ce soit. Il sait ou il ignore, un point c'est tout, et, pour le moment, je sais qu'on a assassiné Mona Ardley, mais j'ignore qui est l'auteur de ce meurtre. Naturellement, vous ne quittez pas Callander sans m'en aviser.

— Disons plus franchement sans vous en demander la permission.

— Exactement, Mr. Ardley, mais nous aimons les formes au C.I.D., quoi que vous en puissiez penser.

Aux abords du bureau de police, Imogène et Laggan furent surpris d'une voix puissante qui chantait à plein registre. Ils se regardèrent, étonnés. Le policier demanda :

— Si je ne m'abuse, c'est le sergent McClostaugh?

— Il n'y a que lui pour barrir de cette façon!

— Allons, Miss McCarthery, ne soyez pas si sévère... Votre vieil adversaire semble être venu à résipiscence puisqu'il chante notre chanson nationale : *Mon cœur est dans les Highlands!*

— Le misérable! Mais vous n'entendez donc pas, inspecteur? Il chante : *Mon cœur n'est PAS dans les Highlands!* C'est une provocation!

CHAPITRE VI

Le lendemain, Alistair Laggan s'en fut à Perth voir le superintendent Copland qui l'avait envoyé à Callander. Le superintendent interrogea l'inspecteur.

— Alors, Laggan, n'avais-je pas raison? Callander n'est-elle pas la perle du comté?

— Pour le peu que j'ai vu, super, je serais assez de votre avis, mais...

— Mais?

— Mais, il y a Imogène McCarthery!

Se retenant difficilement de rire, Copland feignit la surprise.

— Ne me dites pas, Laggan, que vous regrettez d'avoir fait connaissance de la plus célèbre de nos compatriotes?

— Ne vous en déplaise, super, non, je ne le regrette pas.

— Tant mieux! Comment l'avez-vous rencontrée?

— Je l'ai connue avant que de la rencontrer, super...

— Racontez-moi ça, Laggan?

Et Laggan raconta son arrivée à Callander au

lendemain d'une bataille fantastique, déclenchée par Imogène McCarthery. Copland n'en pouvait plus. Il en pleurait de joie. Il réussit à bégayer :

— Et... McClos... taugh... dans... dans... tout ça?

— Le sergent McClostaugh est en train de perdre la raison, super. La dernière fois que je l'ai vu, c'est-à-dire hier, il était à la fenêtre de sa chambre et, en manches de chemise, il chantait à pleins poumons : *Mon cœur n'est pas dans les Highlands!* et j'ai eu toutes les peines du monde à retenir Miss McCarthery qui voulait se lancer à l'assaut du poste de police pour venger l'honneur écossais.

— Laggan, vous m'avez mis de bonne humeur pour toute la journée! Ne vous préoccupez pas de la santé mentale de McClostaugh. Le whisky y exerce plus de ravages qu'Imogène McCarthery! Et maintenant, si vous me parliez du meurtre de Mona Ardley?

— Une histoire d'amour à ce qu'il semble, super, et qui se résume très facilement : Brian Ardley est marié à une femme infirme et plus âgée, Alison Inchbare est l'épouse d'un homme qui pourrait être son grand-père ou presque. Brian et Alison s'éprennent l'un de l'autre, et souhaitent se libérer de liens qui leur pèsent, mais ils n'ont pas le courage — du moins Ardley — de réclamer la liberté à leurs conjoints. Sur ce, Mona Ardley est empoisonnée...

— La conclusion qui s'impose est un peu trop facile, non?

— Un peu trop.

— Alors?

— Alors, j'attends, super, pour voir ce que vont faire Brian Ardley et Alison Inchbare lorsque Mona sera enterrée. S'ils sont coupables de la disparition de l'infirme, il faudra que d'une manière ou d'une autre ils exploitent une demi-liberté retrouvée... C'est à ce moment que j'interviendrai.

— Et s'ils ne bougent pas?

— Je les ferai bouger.

— Comment?

— En lançant sur eux Imogène McCarthery!

Après les obsèques de Mona Ardley au cimetière de Callander, Laggan, en compagnie de Miss McCarthery, regagna l'hôtel où il tenait à exposer son plan de bataille à l'Ecossaise, plan où elle devait jouer, sans s'en douter le moins du monde, le rôle d'agent provocateur. De toute sa naïveté, Imogène se persuadait que le policier, ayant admis qu'il n'arriverait à rien sans son appui, l'appelait au secours.

— Comprenez-moi bien, Miss McCarthery, qu'Ardley et Mrs. Inchbare s'embrassent ne démontre pas leur culpabilité dans le meurtre de Mrs. Ardley. L'aveu de leur tendresse n'est pas une preuve non plus.

— Pourtant, cela tombe sous le sens! Brian a empoisonné sa femme pour obéir à sa maîtresse!

— Peut-être, mais, devant un jury, il faut des preuves. Et ma foi, je compte sur vous pour les obtenir.

— Comment cela?

— En tentant ce que ma position m'interdit :

provoquer des explications orageuses au cours desquelles la vérité a une chance de montrer le bout de l'oreille. Ce sera à moi alors de l'attraper et de l'amener au grand jour.

Ils en étaient là de leurs projets lorsque le constable Tyler vint annoncer que toutes ses recherches avaient été vaines et que nulle part, on ne se souvenait, dans Callander, que Brian Ardley ait acheté un produit toxique quelconque. L'inspecteur ne se laissa pas abattre pour autant.

— Bon. Tyler, procurez-vous une photographie de ceux qui sont de près ou de loin mêlés au meurtre. Vous les porterez ensuite à Perth, au superintendent Copland que je préviens aussitôt par téléphone. Il les fera tirer en plusieurs exemplaires afin d'entreprendre des recherches jusqu'à Edimbourg s'il le faut. Ce produit qui a tué Mona Ardley a forcément été acheté par quelqu'un et quelque part. A nous de le découvrir.

C'est alors que le patron de l'hôtel envoya dire que le major Inchbare s'était présenté deux fois à l'hôtel dans la matinée — tandis que Laggan se trouvait à Perth — pour parler au policier.

— Bon. Je vais me rendre chez lui pour apprendre ce qu'il me veut. Vous m'accompagnez, Miss McCarthery?

— Volontiers.

Avant de gagner le cottage des Inchbare, Laggan et sa compagne passèrent par le poste de police où l'inspecteur mit McClostaugh au courant de la mission confiée à Tyler. Le sergent soupira :

— Je crains fort, sir, que vous ne vous réserviez de pénibles désillusions. Si vous appréhendez l'auteur du meurtre, il vous dira sûrement que l'empoisonnement fait sans doute partie des divertissements intimes des Highlanders et que le cimetière de Callander doit être imprégné d'arsenic.

Et il ajouta entre ses dents, mais fort insolemment :

— ... et si je suis prêt à respecter les mœurs des autochtones pour si bizarres qu'elles me puissent paraître, je voudrais comprendre pourquoi personne n'a encore eu l'idée d'empoisonner certaine rouquine de ma connaissance? Il y a là une violation de la règle du jeu, sir!

Imogène frémit.

— Cette rouquine, Archibald McClostaugh, oseriez-vous lui donner un nom?

— Un nom, Miss McCarthery? Certainement pas, mais plusieurs et qui tous, justifieraient son assassinat par n'importe quelle méthode lequel mériterait à son auteur la médaille des grandes épidémies!

Laggan eut tout juste le temps de ceinturer Miss McCarthery avant qu'elle ne saute sur le sergent. Le pasteur, qui venait passer un moment avec son compatriote des Borders, resta saisi d'horreur. Cette Imogène dans les bras d'un homme et le ricanement de McClostaugh offraient un spectacle que le révérend interpréta à l'envers. Hors de lui, il tonna :

— Le Seigneur jettera l'impudique aux chiens et Sa droite s'abattra sans miséricorde sur les maîtres dont la dépravation est un déplorable exemple pour les serviteurs!

Ils en restèrent tous muets. Haquarson en profita pour accentuer son avantage. Désignant Imogène, il clama :

— Honte à vous, opprobre de Callander! Vous serez punie durant l'éternité pour avoir allumé la concupiscence dans le cœur des hommes! A cause de vous, d'honnêtes chrétiens sont devenus des bêtes luxurieuses! A cause de vous, l'injustice a remplacé la justice, la violence la bonne volonté! J'appelle sur votre tête impure toutes les colères du Ciel et la réprobation des justes!

— Et ta sœur?

Ce fut au tour du révérend de ne plus trouver de réponse à cette réplique vulgaire d'une Imogène qui ressemblait à l'Etna sur le point d'entrer en éruption. Ce court répit permit à l'inspecteur et au sergent de recouvrer leur sang-froid. Archibald s'en prit directement à Haquarson :

— Alors, ça ne va pas mieux, révérend?

— Mais... mais je ne suis pas malade?

— On ne le dirait pas! J'ai bien envie de vous coller en prison, moi!

— En prison? Vous... vous oseriez, McClostaugh? Et pour quel motif, je vous prie?

— Pour scandale public! Pour injure à des tiers! Est-ce que vous vous figurez, par hasard, que votre métier de pasteur vous dispense d'obéir aux lois du Royaume-Uni? Vous n'êtes pas Highlander, que je sache?

— Archibald, mon frère, auriez-vous perdu l'esprit?

Laggan prit Imogène par la main et l'entraîna

au dehors, laissant les deux natifs des Borders s'expliquer sur l'erreur commise par le pasteur prenant pour une bacchanale ce qui n'était qu'une tentative de pugilat avortée.

Devant le garage des Inchbare qui jouxtait le cottage, Laggan et Miss McCarthery découvrirent Alison qui, en pantalon et salopette, se penchait sur le moteur d'une voiture. A leur vue, elle releva un visage légèrement mâchuré.

— Encore vous, inspecteur? Excusez-moi...

— Je vous en prie, Mrs. Inchbare. Je suis habitué à ce genre d'accueil. Le policier est un peu comme le croque-mort, son apparition dans une maison n'est point signe de bonheur... J'ai appris que le major m'avait cherché durant la matinée?

— Je ne sais pas. Depuis ce matin, j'essaie de trouver les raisons d'un cafouillage dans le moteur...

— Parce que c'est vous qui...

Alison eut un rire jeune, très clair.

— C'est mon dada. Je suis folle de mécanique, et sauf pour y mettre de l'essence ou la graisser, je ne supporte pas qu'un autre que moi touche à la voiture...

Elle se tourna vers le cottage en appelant :

— Dermot?

Le major ne tarda pas à se montrer dans l'embrasure de la porte-fenêtre.

— L'inspecteur désire vous parler!

— Venez, inspecteur, venez et vous aussi, Miss McCarthery.

Le policier et son adjointe rejoignirent Inchbare dans son living-room.

— Que puis-je pour vous?

— Je l'ignore, major. Simplement, j'ai appris que par deux fois, vous vous êtes présenté à mon hôtel ce matin, et...

— C'est fort aimable à vous. Mais, vous savez, je ne me suis pas dérangé spécialement pour cela. C'est en allant et en revenant de faire mes courses que je me suis arrêté chez vous. Je souhaitais vous demander pour quelles raisons et surtout, à quel sujet vous avez interrogé ma femme hier?

— Vous devez bien vous douter que c'est dans le but de mener mon enquête à bien?

— Evidemment, mais pourquoi plus spécialement Alison?

— J'espérais que femme, elle aurait pu recevoir les confidences d'une autre femme, si toutefois il y avait eu confidences.

Le major secoua la tête.

— Vous vous trompez, inspecteur. Alison et Mona entretenaient des rapports cordiaux, sans pour autant être de véritables amies. Sans doute la différence d'âge... Et puis, Alison, en dépit de sa féminité apparente, serait plutôt du genre garçon. Vous l'avez vue à l'instant? Elle s'occupe de notre voiture mieux que n'importe quel mécanicien. Je pars tout à l'heure pour Edimbourg, sûr qu'il ne m'arrivera aucun ennui si Alison m'assure que tout est en ordre dans cette sacrée mécanique à laquelle moi-même je ne comprends rien. Non, si Mona Ardley avait eu quelque chose à dire, c'est moi qu'elle eût pris pour confident, et je puis vous assurer qu'elle ne m'a rien révélé de spécial. Je suis au regret, inspecteur, que vous vous soyez dérangé...

Au moment de se séparer d'Imogène, Laggan s'enquit :

— Qu'est-ce que vous pensez de tout cela, Miss?

— Je pense, inspecteur, que lorsque les hommes sont amoureux, on peut leur appliquer les paroles de l'Evangile : « Ils ont des yeux, et ils ne voient point. Ils ont des oreilles, et ils n'entendent point. » En dépit des illusions de son mari, Alison Inchbare est une personne qui sait où elle veut aller et, j'en suis sûre, ne reculera devant aucun obstacle...

Tandis que dans la chambre de son hôtel, Alistair Laggan tentait de repenser le problème posé par la mort de Mona Ardley, pendant qu'Imogène confiait à Mrs. Elroy son opinion quant à la pusillanimité des méthodes policières actuelles, alors que le sergent McClostaugh essayait — au brouillon — de rédiger une demande de changement d'affectation, Ted Boolitt, renseigné par celui-ci et par celui-là, annonçait à ses amis qu'Imogène McCarthery, suppléant aux défaillances de la police officielle, allait désigner le meurtrier de Mona Ardley. Pour ce qui est de Mrs. Plury, de Mrs. Sharp et de Mrs. Frazer, elles ne quittaient point leurs domiciles respectifs; s'abreuvant à la coupe amère des humiliations et attendant que leurs cheveux, complètement désenglués, leur permettent de se coiffer décemment. Mais les chères femmes étaient prêtes à échanger leur part de paradis contre une revanche sur l'impossible Ecossaise. Mrs. McGrew, couverte de bleus, se traînait à travers son épicerie en geignant, et Mrs. Boolitt gardait le lit. Cependant, les démêlés des uns et des autres s'estompaient quelque peu dans l'esprit de chacun, car on était à vingt-quatre heures des festivités populaires qui marquaient l'anniversaire de la bataille de Culloden où Bonnie Prince Charley fut défait par le duc de Cumberland et qui marqua l'asservissement de l'Ecosse. En vérité, ce n'était pas l'échec du prétendant que fêtaient les gens de Callander, mais l'espoir d'une revanche sur les modalités de laquelle ils avaient la sagesse de ne pas s'interroger.

Dès l'aube de ce jour mémorable qui, pour quelques heures, verrait s'évanouir toutes les querelles, s'atténuer toutes les amertumes, les habitants de Callander seraient sur pied. Les réjouissances consistaient essentiellement en un imposant défilé qui sillonnerait les quelques rues de Callander en chantant de vieux airs écossais et notamment *La Marche de Robert Bruce*. En tête de ce cortège, marcheraient le maire, Ned Billings, entouré de Peter Cornway, le coroner, et de Jonathan Elscott, le médecin, un nationaliste irréductible. Symbolisant les femmes écossaises qui, après la bataille de Culloden, prirent le deuil, Mrs. Plury, Mrs. Frazer et Mrs. Sharp assureraient le commandement de l'élément féminin; vieilles Parques meurtries aux résolutions farouches. Et derrière, tout Callander, fraternellement confondu dans l'assurance de sa foi en la primauté de l'Ecosse sur tout le Royaume-Uni. Ce jour-là encore, les quelques Anglais vivant à Callander feindraient d'avoir peur et se calfeutreraient chez eux ou bien, ne craindraient pas — les plus jeunes — de moquer la mémoire de Bonnie Prince Charlie joliment rossé par leur Cumberland, et cela se terminerait par de bonnes bagarres entre gentlemen se battant pour des causes auxquelles ils ne croyaient, au fond, ni les uns ni les autres. Chaque année, une Miss de bonne réputation, choisie pour sa ressemblance avec l'Ecossaise-typique, symbolisait Marie Stuart que suivait Keith McCallum, promu au rang de bourreau et portant sur l'épaule une imposante cognée. Callander refusait d'oublier.

Le seul qui se faisait vraiment du souci en cette occasion, c'était Archibald McClostaugh, partagé entre sa vocation écossaise et son loyalisme envers la Couronne. Quant à Samuel Tyler, au grand scandale de son chef, il reniait l'Angleterre pour quelques heures et chantait avec les autres. Toutefois, il était écrit que cette année, Tyler ne pourrait jouer au révolté paisible, et que McClostaugh aurait autre chose à faire qu'à s'interroger, comme Hamlet, sur son devoir. A six heures du matin, en effet, la sonnerie du téléphone arracha Archibald à un rêve heureux qui le voyait devenu garde-chiourme et le fouet à la main, surveillant des forçats parmi lesquels il reconnaissait avec joie Imogène McCarthery. La nouvelle qu'on lui transmit d'Edimbourg le réveilla d'un coup et le fit se précipiter sur ses vêtements.

Alister Laggan venait à peine d'ouvrir un œil lorsqu'on frappa brutalement à sa porte. Son premier réflexe fut de jeter un coup d'œil à sa montre, et lorsqu'il constata qu'il était à peine six heures et demie, il se retint tout juste de jurer.

— Qu'est-ce que c'est?

— Sergent McClostaugh, sir!

— Une minute!

L'inspecteur sauta hors de son lit, enfila sa robe de chambre et, les pieds nus, ouvrit à Archibald.

— Eh bien! sergent, qu'est-ce qu'il se passe?

— Un coup de téléphone d'Edimbourg, sir... Le major Inchbare a eu un grave accident de voiture. Il est à l'hôpital et on ne sait pas encore s'il s'en sortira ou non.

— Avez-vous prévenu Mrs. Inchbare?

— J'ai téléphoné, sir. Avertie cette nuit, elle est partie en compagnie de Mr. Ardley dans la voiture de ce dernier.

— Bon. Pendant que je m'habille, renseignez-vous sur les lieux de l'accident. Nous y filerons dès que je serai prêt. Je vous prends au poste de police dans une demi-heure.

L'accident s'était produit entre Falkirk et Edimbourg, à la fin d'une longue ligne droite qui se terminait par un virage sévère à gauche et rendu plus dangereux par le mur d'une propriété épousant la route à cet endroit-là. La voiture d'Inchbare s'était écrasée contre ce mur. Ce qui restait de l'automobile se trouvait chez le garagiste-mécanicien du village le plus proche où les agents de la compagnie d'assurance devaient venir les examiner.

Le mécanicien, un gros garçon à l'œil malin, ne se fit pas prier pour expliquer.

— Je travaillais dans mon atelier quand j'ai entendu le bruit. Tout de suite, je me suis dit : ça y est! en voilà un qui s'est ratatiné contre le mur... Ce mur, c'est un véritable danger public. Je me suis précipité, naturellement, persuadé que je n'allais trouver que des cadavres...

Laggan voulait des précisions.

— Pourquoi?

— A cause de la violence du choc.

— Mais il n'y avait que le major Inchbare.

— C'est une chance!

— Si on veut... En tant qu'homme de métier, vous devinez les raisons de l'accident?

— Le conducteur n'a pas freiné pour prendre le tournant, ou alors il s'y est pris trop tard... Il marchait à plus de 120 à l'heure!

— Comment le savez-vous?

— Le compteur était bloqué.

— A votre avis, comment est-il possible que le major n'ait pas freiné avant le tournant sur une route qu'il connaissait parfaitement? Et d'abord, pour quelles raisons êtes-vous certain qu'il n'a pas freiné?

— A la vitesse où il allait, les traces du freinage se verraient sur le macadam... et il n'y a rien. Maintenant, pour répondre à votre question sur le fait que le conducteur n'ait pas freiné, il n'y a que deux explications : ou il était déjà mort avant de cogner dans le mur... une espèce d'embolie... ou alors, il était distrait.

— Le major n'est pas mort à l'heure actuelle, donc écartons le malaise grave. Quant à ne pas prêter attention à la route quand on roule à 120 à l'heure... un peu fort, non? Et on en revient à la même question : pourquoi le major n'a-t-il pas freiné?

— Ou : pourquoi ses freins n'ont-ils pas répondu?

Laggan scruta le visage réjoui du mécanicien que la gêne ne parvenait pas à assombrir.

— Vous... Vous savez quelque chose?

— C'est-à-dire... Je ne voudrais pas que mon nom soit dans les journaux.

— Je vous en donne ma parole.

— C'est cette absence totale de marques de freinage qui m'a mis la puce à l'oreille... Pas normal... Il fallait une explication. Alors, je suis allé mettre mon nez dans les débris de la voiture et je me suis aperçu que les réservoirs des freins lockheed avaient été très finement percés... et qu'ils étaient vides... d'où pas moyen de freiner. J'ai pensé au pauvre type appuyant à fond sur la pédale sans que ça réponde... Il a dû vivre quelques secondes terribles...

— Alors... il ne s'agit pas d'un accident?

— Ben... à mon avis, ça serait plutôt un crime...

— Si cela peut vous rassurer, c'est aussi le mien.

Et, en prononçant ces mots, l'inspecteur revoyait une jolie fille mâchurée penchée sur le moteur de la voiture de son mari.

Une surprise attendait les policiers à l'hôpital d'Edimbourg. Le coup de téléphone adressé à McClostaugh l'avait été par un employé qui s'était référé au bulletin d'entrée du major. Mais, dans la nuit, on avait constaté que miraculeusement, Inchbare s'en tirait avec deux côtes enfoncées, une cuisse brisée et une clavicule cassée. Sitôt bandé et plâtré, le major avait exigé d'être ramené chez lui. Sa femme, venue le voir, avait alerté une ambulance et depuis près d'une heure, le malade et son épouse roulaient en direction de Callander.

Dans la voiture les ramenant à leur point de départ, Archibald McClostaugh confiait à l'inspecteur :

— Si ça vous intéresse de connaître mon opinion, sir, je pense qu'il vaudrait mieux ne pas trop laisser le major Inchbare aux soins de sa femme...

— C'est ce que je pense également, sergent, et je pense encore que j'aurais peut-être bien fait d'écouter Miss McCarthery et de m'occuper plus sérieusement de Mrs. Inchbare.

Archibald grogna pour toute réponse :

— Il y a longtemps qu'on n'en avait pas parlé de la rouquine... Ça ne pouvait pas continuer!

Alistair sourit :

— Vous ne l'aimez pas, hein?

— Moi, sir? C'est-à-dire que je l'aime au point que si nous nous trouvions sur une île déserte, je la mangerais! Après l'avoir étranglée, comme de bien entendu, et à condition d'avoir une marmite, car j'imagine qu'elle doit être plutôt coriace et qu'il me faudrait la faire bouillir longtemps! Et encore, elle serait capable de m'empoisonner!...

— A propos de poison, le temps me dure de connaître les résultats de l'enquête dont j'ai chargé Tyler et, par son intermédiaire, le C.I.D. d'Edimbourg.

Imogène McCarthery écouta le récit des événements que lui faisait Laggan, et quand il eut terminé, elle remarqua :

— Dois-je comprendre, inspecteur, que vous vous êtes rendu en automobile à Edimbourg avec ça à vos côtés?

Archibald, qu'elle désignait d'un menton méprisant, dut se cramponner aux bras de son fauteuil.

— Le sergent m'a accompagné, en effet.

— Eh! bien, vous n'avez pas peur! Tout le monde sait, à Callander, qu'Archie a le mauvais œil et que si nous avions eu la chance qu'il fût né quelque deux cents ans plus tôt, on l'aurait brûlé!

McClostaugh se dressa :

— C'est vous, la sorcière, Imogène McCarthery! Vous avez ensorcelé Callander!

Les cris obligèrent Mrs. Elroy à sortir de la cuisine et à se précipiter au salon, son hachoir à la main.

— Qu'est-ce qu'il se passe? En voilà des façons de parler aux dames, Archibald McClostaugh!

Le sergent ricana lourdement :

— Des dames? Et où sont-elles donc, ces dames, Mrs. Elroy?

L'inspecteur n'eut que le temps de se jeter

devant le sergent attaqué sur deux angles et qui aurait vraisemblablement passé un mauvais quart d'heure. Laggan, tout en calmant les antagonistes, se demandait si la vieille femme se serait ou non servi de son hachoir...

— En tout cas, affirma Imogène, si la police, à Callander, était exercée par quelqu'un d'autre qu'un anthropoïde à cervelle sclérosée, le major Inchbare n'aurait pas risqué de mourir et Mona Ardley ne serait peut-être pas morte! Mais le sergent McClostaugh se croit trop intelligent pour admettre que d'autres aient raison en quoi que ce soit! Il a été averti avant tout le monde de ce qui se tramait dans l'ombre! Je lui ai rapporté ce que j'avais vu, mais il a refusé de bouger!

Archibald, ironique, souligna :

— Aucune loi du Royaume-Uni ne m'intime l'ordre d'arrêter les gens qui s'embrassent la nuit sur des chemins déserts!

Véhémente, Miss McCarthery s'exclama :

— Ne savez-vous pas qu'il y a des baisers qui tuent?

— Pour m'en rendre compte, il faudrait que je vous embrasse, et ça, je vous jure que je n'en éprouve pas la moindre envie!... Aïe!

Profitant de ce qu'on ne lui prêtait pas attention, Mrs. Elroy était passée derrière Archibald et venait de lui appliquer à toute volée un coup du plat de son tranchoir sur le derrière. Elle s'apprêtait à récidiver tout en criant :

— Je m'en vais bien attendrir votre vieille viande de bouc, Achibald McClostaugh!

Laggan entraîna rapidement le sergent hors de portée des deux femmes. Lorsqu'ils furent installés dans la voiture, l'inspecteur susurra :

— Pas tellement de succès auprès des dames, hein, sergent?

Imogène les rejoignit avant que Laggan n'ait démarré.

A la vue des policiers, le docteur Elscott leva les bras au ciel.

— Ça m'aurait étonné! Mais, je tiens à vous prévenir tout de suite : je ne vous laisserai pas torturer mon malade! Il n'est plus jeune et le choc subi risque de perturber d'un instant à l'autre son rythme cardiaque... Une émotion pourrait le tuer!

McClostaugh s'esclaffa :

— Vous en avez de bonnes! En fait d'émotion, nous ne pourrons jamais lui en payer une de la taille de celle qu'il vient de s'offrir!

Le médecin toisa Archibald :

— Il n'y a qu'un natif de pays sous-développé pour oser plaisanter sur le cas d'un moribond!

— Pays sous-développé, une région qui a Edimbourg pour capitale?

— Une erreur du ciel!

Sévère, Laggan s'adressa à McClostaugh :

— Ça ne va pas recommencer, non? Quant à vous, docteur, je vous serais obligé de laisser le sergent tranquille. A Edimbourg, on nous a assuré que le major était hors de danger et vous me parlez de moribond?

— C'est manière de dire...

— Dans mon métier, docteur, nous aimons la précision. Soyez assez aimable pour vous le rappeler. Au surplus, pour l'instant, ce n'est pas au major Inchbare que nous avons affaire mais à sa femme. Je vous reverrai, docteur.

— Je n'espérais pas le contraire, inspecteur.

Le trio composé de Laggan, d'Imogène et de McClostaugh pénétra dans le living-room où Alison se reposait. Elle se leva en les voyant entrer tous les trois. Très sec, Alistair dit :

— Tiens! Vous ne vous exclamez pas : encore vous?

Désorientée par cette attaque, Alison flotta.

— Mais...

— Sans doute nous attendiez-vous?

S'étant reprise, Mrs. Inchbare répondit sur le même ton :

— Au contraire, j'espérais qu'étant donné les circonstances, vous auriez assez de discrétion pour me laisser en paix... Je me rends compte que je me suis trompée, et qu'il y a des délicatesses qui s'affirment incompatibles avec le métier de policier ou celui d'espionne.

Imogène entendit répliquer, mais Laggan lui ordonna de se taire.

— Je vous en prie, Miss McCarthery!

Domptée, l'Ecossaise rengaina ses invectives, au grand plaisir d'Archibald.

— Mrs. Inchbare, si vous le voulez bien, nous allons cesser cette comédie.

— Quelle comédie?

— Celle de l'épouse inquiète.

— Mais, inspecteur...

— Je vous répète que cela suffit, Mrs. Inchbare. Asseyez-vous!

Alison se cabra.

— A la fin, inspecteur, de quel droit me parlez-vous sur ce ton et vous permettez-vous de me donner des ordres, chez moi?

— Parce que les règles habituelles de la courtoisie n'ont plus aucune importance quand on se trouve en présence d'une tentative criminelle.

— Tentative...

— ... criminelle, parfaitement, Mrs. Inchbare. Votre mari a été victime, non d'un accident, mais d'un attentat... Vous ne vous en doutiez pas, bien sûr?

— Comment voudriez-vous que...

— On a saboté sa voiture.

— Saboté sa voiture? Mais qui a pu?...

— C'est justement ce que je suis venu vous demander.

— A moi?

— Et à qui voulez-vous que je le demande, puisque vous êtes la seule à vous occuper de l'automobile?

— C'est abominable ce que vous insinuez, inspecteur...

— Ce qui est encore plus abominable, c'est que le major a failli mourir! Et s'il était mort, je ne me serais jamais pardonné de n'avoir pas écouté Miss McCarthery.

— En quoi Miss McCarthery...

— Elle vous a surprise dans les bras de

Mr. Ardley... Elle vous a entendue lui demander de se libérer et... comme par hasard, Mrs. Ardley meurt empoisonnée... comme par hasard le major n'est sauvé que par miracle...

Blême, Alison se tourna vers Imogène.

— Vous! Oh! vous!...

Imogène se redressa et fièrement :

— Je reconnais que si je ne me mêlais pas de temps à autre de certaines enquêtes, bien des coupables échapperaient à la justice et à une police parfois défaillante, n'est-ce pas, sergent?

Archibald émit un grognement sourd en guise de réponse et Alison s'adressa à Laggan :

— Enfin, elle n'a pas le droit de m'insulter!

— Je vous en prie, Mrs. Inchbare, revenons aux choses sérieuses. Le major avait-il l'habitude de conduire vite?

— Lui? Il ne dépassait jamais le 80 au maximum... Nous nous querellions toujours quand je prenais le volant. Il ne cessait de me supplier de ralentir.

— Curieux... Mrs. Inchbare, si le major était mort, comme il devait mourir dans cet accident, il n'y aurait plus eu d'obstacle entre Brian Ardley et vous?

— Accusez-moi tout de suite d'avoir voulu tuer mon mari!

— Je préfère ne pas le dire encore.

— Mais vous le pensez?

— Ce que je pense ne regarde que moi.

— Inspecteur, pourquoi me torturez-vous?

— Je fais mon métier, madame, et mon expérience me souffle que la mort de Mrs. Ardley a pu vous donner l'idée de supprimer votre mari qui aurait refusé de divorcer.

— C'est horrible...

— J'ai vu tant de choses horribles au cours de ma carrière... Que vous en conveniez ou non, la disparition manquée de Mr. Inchbare éclaire le meurtre de Mona Ardley.

— En quoi?

— L'opinion est unanime parmi tous ceux qui la connurent. Mrs. Ardley n'était pas femme à se suicider, mais elle possédait assez de caractère pour accepter de mourir de la main de l'homme qu'elle aimait et sur l'infidélité duquel elle était soudain éclairée... C'est aussi ce que vous avez pensé, n'est-ce pas?

Alison éclata en sanglots.

— Je ne sais pas! Je ne sais plus! Vous me rendez folle!

— Mona disparue, le major devenait encore plus gênant... Mrs. Inchbare, c'est Ardley qui vous a conseillé de saboter la voiture?

— Non! Non! Non!

— A moins que ce ne soit lui-même qui... Voyons, il ne s'est pas présenté chez vous pendant que vous étiez penchée sur le moteur?

— Si.

— Et vous ne l'avez pas laissé seul un instant? Rappelez-vous? Vite?

— Il me semble... Mon mari m'a appelée... On me téléphonait... Mrs. Brown, pour une vente de charité.

— Et voilà...

— Mais, ce n'est pas Brian! Je vous jure que ce n'est pas lui!

— Qu'en savez-vous?...

— Mais...

— Avouez donc que cette idée vous travaille depuis que vous avez appris la mort de Mona Ardley? Vous avez beau vous battre contre elle, vous ne parvenez pas à vous en débarrasser... parce qu'il n'y a pas d'autre explication.

Revenus sur le chemin passant devant le cottage, Imogène s'en prit à Laggan.

— Inspecteur, je ne vous comprends pas! Quelle preuve supplémentaire vous faut-il? Pourquoi ne les arrêtez-vous pas tous les deux? Ils risquent de fuir!

— Rassurez-vous, Miss, ils ne se sauveront pas. Ce serait un aveu définitif. Je ne les crois pas assez sots pour agir de la sorte. Pour ce qui est de les arrêter tous les deux ou l'un ou l'autre, j'attends de savoir si l'enquête sur l'achat du produit toxique a donné des résultats et aussi de comprendre...

— De comprendre?

— ... de comprendre pourquoi le major, qui ne dépassait jamais le 80 à l'heure, fonçait à 120 juste le jour où il n'avait pas de freins?

Laggan expédia son déjeuner. Il manquait d'appétit. Dans cette histoire apparemment si claire, quelque chose le troublait sans qu'il pût exactement en définir la nature. Après une tasse de café bue sans même y prêter attention, il se promena dans Callander en liesse. Partout, on chantait et on buvait en l'honneur de Bonnie Prince Charlie. La vue d'un pompiste poussa l'inspecteur à interroger le commerçant pour lui demander s'il savait à qui s'adressait le major Inchbare pour le graissage de sa voiture et les révisions périodiques que sa femme ne pouvait exécuter en dépit de ses connaissances mécaniques. Dermot Inchbare était suffisamment connu pour qu'on n'ignore à peu près rien de ses habitudes. Tous savaient que Cornelius Van Typpe avait la charge de l'entretien de l'automobile des Inchbare et ce hollando-écossais pourrait donner à Laggan tous les détails qu'il souhaitait.

Cornelius, une sorte de géant, parlait l'anglais d'Ecosse avec l'accent de Rotterdam. Il fallait une grande attention pour comprendre du premier coup ce qu'il racontait. Installé à Callander depuis la fin de la guerre, il buvait indifféremment du whisky ou du genièvre pour apaiser sa mélancolie des polders. Il reçut Laggan avec entrain, car une heure comme celle que vivait présentement Callander lui faisait douloureusement sentir sa qualité d'étranger. Il mit la meilleure bonne volonté à répondre aux questions du policier, mais n'apprit pas grand-chose à l'enquêteur que ce dernier ne sache déjà.

— Le major Inchbare est un drôle de type... On a l'impression qu'il se croit toujours à la caserne. Avant de vous adresser la parole, il commence par vous inspecter des pieds à la tête. Au début, ça surprend et même, ça vous met de mauvaise humeur. Avec le temps, on s'y habitue... Question réparations, j'ai jamais touché à la voiture. Je bricolais : graissage, révision périodique, surveillance des pneus...

— Il y a longtemps que vous n'aviez vu le major?

— Deux trois jours... J'ai même pas compris pourquoi il est venu... Mais, c'est vrai ce qu'on raconte qu'il aurait eu un accident?

— Oui, il s'est écrasé contre un mur à 120 à l'heure... Etonnant qu'il ne soit pas mort... que le volant ne lui soit pas passé à travers le corps...

— Et on ne sait pas à quoi c'est dû?

— Il semblerait que les freins n'aient pas fonctionné...

— Les freins? Ah! ça alors, c'est curieux...

De son côté, Imogène était rentrée chez elle fort irritée. La passivité de Laggan l'exaspérait. Elle n'était pas éloignée d'y voir une sorte de complicité inconsciente avec la jolie Anglaise. Pour elle, aucun doute : Alison et Brian avaient tenté de se débarrasser de ceux qui les gênaient. Cela se voyait comme le nez au milieu du visage! Il n'y avait nul besoin d'appartenir au C.I.D. pour arriver à cette conclusion basée sur des preuves irréfutables. A Ted Boolitt venu lui demander si l'on pouvait compter sur elle pour le grand défilé de l'après-midi afin de prendre la tête du cortège en portant la bannière du comté, elle refusa :

— Comprenez-moi, Ted... Il y a des moments pénibles où le devoir passe avant le plaisir. Il m'appartient de faire en sorte que ceux qui ont tué une Ecossaise, Mona Ardley, et ont failli tuer un Ecossais, Inchbare, n'échappent pas au châtiment. Or, si je ne m'en mêle pas et très vite, par suite de la pusillanimité de l'inspecteur Laggan, les criminels ont toutes les chances de fuir, et cela, je ne le permettrai pas, Ted!

— Et vous avez raison, Miss! En somme, cette Mrs. Ardley c'est un peu une Marie Stuart, hein?

Imogène se redressa, gonflée de son importance.

— C'est vrai, Ted Boolitt, et ce n'est pas une raison parce que nos ancêtres n'ont pas su venger la première, que je laisserai impunie la mort de la seconde!

Ils s'étreignirent les mains, les yeux embués, mais pleins d'une résolution farouche. Le propriétaire du *Fier Highlander* ayant quitté son amie, s'en fut à travers la ville confier a qui voulait l'entendre qu'Imogène McCarthery s'apprêtait à damer le pion, une fois de plus, à la police officielle, et ce, pour la plus grande gloire de l'Ecosse et de Callander. Cette nouvelle donna lieu à de nouvelles libations et les ennemis de la rouquine durent se contenter de sourires sceptiques auxquels nul ne daigna prendre garde.

De sa chambre d'hôtel, Alistair Laggan s'entretint longuement avec le superintendent de Perth, lui assurant que l'affaire du meurtre et de l'accident criminel était pratiquement résolue et qu'il verrait son supérieur le soir même, au plus tard le lendemain matin. A peine venait-il de raccrocher qu'on l'appelait d'Edimbourg pour lui apprendre que l'enquête menée pour savoir si quelqu'un de l'entourage de Mrs. Ardley avait acheté récemment des produits toxiques venait d'aboutir et on lui nomma l'acheteur. Il n'en parut pas autrement étonné. Il descendit au bar pour s'offrir un whisky qu'il estimait avoir bien gagné lorsque Miss McCarthery se présenta, l'air excité :

— Ah! inspecteur, je vous cherchais!

— Vous m'en voyez ravi... Vous avez du nouveau?

— Plus que du nouveau!

— Ah! Vous prenez quelque chose?

Imogène minauda.

— Oh! à cette heure-ci, je n'ai guère l'habitude... mais, si vous insistez, et pour ne pas vous désobliger, ce sera un double whisky sans eau... Inspecteur, la volonté d'un mort, ou d'un demi-mort, est-elle sacrée au point qu'on la doive respecter, même si elle va à l'encontre de la justice?

— Sûrement pas.

— Vous en êtes certain?

— Absolument.

— Alors, lisez cette lettre que le facteur vient de déposer dans ma boîte.

Laggan prit la lettre qu'on lui tendait et la lut.

Chère Miss McCarthery,

Le fait que vous apparteniez comme moi à une famille de soldats m'a poussé à vous choisir comme confidente. Je n'ai pas voulu ajouter foi à ce qu'insinuait l'inspecteur du C.I.D. Maintenant, hélas! je suis affreusement convaincu que Brian Ardley et ma femme entendent se débarrasser de moi. J'ai surpris leur conversation. J'en suis anéanti. J'ignore lequel des deux a empoisonné Mona Ardley et je ne sais pas quel est celui qui a saboté ma voiture. Je ne connais pas la nature du poison employé pas plus que ce qu'ils ont trafiqué dans le moteur. Je ne veux pas montrer l'auto à Cornélius Van Typpe. Il ne faut pas que le scandale éclate. J'irai prudemment jusqu'à Edimbourg et là, je donnerai la voiture à réviser. Si toutefois je ne parvenais pas au but en dépit de mes précautions, cela n'aura aucune importance. Je n'ai plus envie de vivre après ce que j'ai appris. Je pense que vous avez l'âme assez haute pour me comprendre. C'est aussi la raison pour laquelle je ne tiens pas à ce que la police soit au courant. Ne faites rien pour nuire à ma femme que je continue d'aimer malgré tout, mais si elle échappe aux rigueurs de la loi — ce policier ne me paraissant particulièrement perspicace — je vous demande d'aller trouver Alison et de lui montrer cette lettre afin qu'elle sache que je n'ignorais rien. Ce sera ma vengeance. Je compte sur vous, chère Miss McCarthery, et je vous en remercie. Votre dévoué Dermot Inchbare.

Pensif, Alistair replia la lettre.

— Il ne me croyait pas bien malin, non?

— Il se trompait, voilà tout!

— Oui, je pense qu'il se trompait...

— Cette fois, inspecteur, vous les arrêtez?

— Non.

Imogène fut tellement stupéfaite qu'elle ne répliqua pas, et Laggan en profita pour ajouter :

— Je veux des aveux spontanés.

— Vous ne les aurez jamais!

— Je ne suis pas de votre avis, Miss...

— Et comment les obtiendrez-vous?

— De la façon la plus simple... Portez cette lettre à Brian Ardley.

— A Brian?...

— Oui. C'est lui qui craquera le premier et s'il cède, tout le reste suivra.

— Mais... s'il ne cède pas?

— Il cèdera, Miss, ayez confiance. Veuillez agir comme je vous l'indique et revenez ici, je vous y attends. Et si d'aventure, vous rencontrez le sergent McClostaugh ou le constable Tyler, envoyez-moi l'un ou l'autre. J'aimerais avoir quelqu'un pour passer les menottes au coupable.

— Ou à la coupable!

— Ou à la coupable.

Les premiers éclats des trompettes résonnaient à travers Callander — Prélude au cortège — lorsque Miss McCarthery, tel l'ange de la vengeance, sortit de l'hôtel pour gagner le *Chardon écossais*. Le hasard mit de nouveau sur sa route Ted Boolitt. Elle ne peut se tenir de lui annoncer la nouvelle.

— Ça y est, Ted. Nous arrêtons Alison Inchbare dans quelques instants pour répondre devant les juges du meurtre de Mona Ardley et de la tentative de meurtre sur la personne de Dermot Inchbare!

— Hurrah! Vive l'Ecosse! A bas l'Angleterre!

Ils tombèrent dans les bras l'un de l'autre, car ils se trouvaient dans un de ces grands moments d'exaltation patriotique qui font oublier les contingences sociales. Un passant qui les vit se hâta d'aller prévenir Margaret Boolitt que son mari et Imogène s'embrassaient en pleine rue sans le moindre respect d'autrui. Margaret hulula tristement comme à son habitude et se remit au lit, déclarant qu'elle préférait mourir que de se voir publiquement préférer cette odieuse fille à cheveux rouges.

Le sergent McClostaugh rattrapa Imogène alors qu'elle quittait Callander pour gagner les abords de la petite ville où se nichait le *Chardon écossais*.

— Miss McCarthery!

Elle se retourna, surprise.

— Archie!

— Sergent McClostaugh, je vous prie! Miss, j'avais une question à vous poser, et c'est pourquoi je me suis permis de vous suivre.

— Archie, votre politesse ne me dit rien qui vaille... Quelle est cette question, mon brave?

McClostaugh, sous cette appellation, sentit son poil se hérisser.

— Vous êtes sans doute au courant de la loi britannique, Miss?

— Je le pense, Archie.

— Sergent McClostaugh!... Dans ce cas, vous n'ignorez pas que la loi réprime très sévèrement les attentats à la pudeur?

— Où voulez-vous en venir, Archie?

— Sergent McClostaugh!... J'en viens à ceci : à l'instant, et en pleine rue, vous venez d'étaler aux yeux des passants vos passions libidineuses en vous embrassant, vous frottant, vous mignotant avec un homme qui n'est point votre mari, ce qui aggrave votre cas. Qu'avez-vous à répondre?

— Que votre cas ne risque plus d'être aggravé et qu'on devrait vous doucher deux ou trois fois par jour!

— Mais...

— Taisez-vous! Je n'ai pas de temps à perdre à des stupidités! Je suis en train d'accomplir ce que vous êtes incapable de faire! Je vais arrêter une criminelle!

— Arrêter une?...

— Ou plutôt donner à l'inspecteur Laggan l'occasion de l'arrêter. Mais, vous ne pouvez pas comprendre, Archie. En attendant, filez rejoindre l'inspecteur à son hôtel, il vous y attend.

— Il m'y attend?

— Pour l'aider à passer les menottes aux jolis poignets d'Alison Inchbare. Encore un mot, Archie : ne vous laissez pas emporter par la jalousie. Ce n'est pas parce que j'embrasse mon vieil ami Ted Boolitt que vous n'êtes plus mon ours préféré!

— Oh!... Ecoutez, Miss...

— Plus tard, Archie... mais c'est très vilain d'être jaloux, Archie, très vilain.

Quelques minutes plus tard, Keith McCallum, déjà déguisé en bourreau, racontait à Marie Stuart — cette année, Isla Arnprest, la fille du tailleur — qu'il venait de voir McClostaugh tout seul, planté à l'orée du chemin menant à la route de la lande et qui gesticulait, ressemblant à un sémaphore en action.

Brian Ardley reçut très froidement Imogène.

— Je ne pense pas, Miss, que nous ayons quoi que ce soit à nous dire et je ne comprends pas le motif de votre visite. Votre rôle dans la triste aventure de la mort de ma femme me paraissant bizarre...

— On paraît toujours bizarre quand on se bat pour la justice, Mr. Ardley.

— Je ne crois pas que ce soit là votre métier?

— Pendant la guerre, Mr. Ardley, on demande aux gens de mourir sans se soucier si c'est ou non leur métier. Si je suis ici, c'est que j'ai reçu une lettre... une lettre très importante... et je me demande comment je dois agir...

— En quoi cela me regarde-t-il?

— Bien plus que vous ne vous le figurez. Voulez-vous en prendre connaissance?

— Mais...

— Elle est du major Inchbare.

Ardley lut la lettre et Imogène le vit blêmir.

— L'auteur de ces lignes ne vous priait-il pas de garder le secret?

— Je ne m'en sens pas le droit.

— Que comptez-vous faire?

— Porter cette lettre à l'inspecteur Laggan.

— Pour quelles raisons me l'avez-vous donnée à lire puisque vous étiez décidée à la transmettre à la police?

— Pour éclairer votre religion, Mr. Ardley, si toutefois vous n'aviez pas déjà deviné.

Brian la regarda bien en face et se contenta de murmurer :

— Merci.

Lorsque Miss McCarthery rendit compte de sa mission à Laggan, celui-ci se contenta de répondre :

— C'est ce que j'espérais... Il ne nous reste plus qu'à patienter ou je me trompe fort, ou nous aurons bientôt de la visite.

Imogène, au contraire, était persuadée qu'Alison, prévenue par Brian Ardley, devait déjà préparer ses valises, et elle avait bien du mal à cacher sa façon de penser à l'inspecteur. Quant à McClostaugh, rongeant son frein, il se demandait si cette comédie finirait bientôt; car il estimait devoir tenir pour comédie toute aventure où la rouquine abhorrée occupait la première place.

Une demi-heure environ après le retour d'Imogène — tandis que venaient mourir aux fenêtres de l'hôtel les rumeurs joyeuses de la foule fêtant Bonnie Prince Charlie — la réception téléphona que Mr. Ardley demandait à entretenir l'inspecteur Laggan. Le policier soupira :

— Ça y est...

Et il donna l'ordre de laisser monter le veuf. Ce dernier, pâle, le visage secoué de tics nerveux, blêmit un peu plus en apercevant Imogène et le sergent. Sèchement, l'inspecteur s'enquit :

— Vous avez sollicité une entrevue, Mr. Ardley?

— Oui... J'ai compris qu'il était inutile de lutter plus longtemps. Vous deviez fatalement arriver à la vérité. Alors, je préfère en finir tout de suite : j'avoue.

Laggan l'interrompit :

— Un moment, Mr. Ardley... Avant de continuer, je dois vous prévenir que le sergent McClostaugh va noter notre entretien et que je vous demanderai de le signer.

— D'accord...

— Dans ce cas, je vous écoute.

— Je reconnais avoir empoisonné ma femme et tenté d'assassiner le major Inchbare en maquillant sa voiture. Cela suffit?

— Non, Mr. Ardley. Il me faut autre chose. On ne remplit pas un procès-verbal avec une phrase... Pourquoi ces deux meurtres?

— Pour me libérer et libérer Alison... afin de pouvoir nous marier.

— Mrs. Inchbare est au courant?

— Non! Non! Pas du tout! Pauvre Alison, elle est loin de se douter... Ce sera un coup terrible pour elle quand elle apprendra la vérité...

— Vous le croyez vraiment?... Comment vous y êtes-vous pris?

— Je devais avoir perdu la raison... Nous étions couchés depuis une heure quand Mona m'a appelé... Elle se sentait fiévreuse... Elle m'a prié de lui préparer une tasse de thé... J'ai profité de l'occasion... Je... je n'oublierai jamais la manière dont elle m'a regardé après la première gorgée.

— Et elle a bu quand même?

— Oui.

— Pourquoi?

— Parce qu'elle m'aimait.

— Assez ignoble, hein?

Ardley baissa la tête sans répondre.

— Et Inchbare?

— J'avais supprimé un des deux obstacles qui me séparaient d'Alison... Je n'admettais pas que Mona soit morte pour rien, et puisque le major refusait le divorce.

— Il vous fallait le supprimer à votre tour?

— Oui... Le hasard m'est venu en aide. Rendant visite aux Inchbare, j'ai surpris Alison plongée dans le moteur de la voiture. J'ai profité d'une courte absence de celle que j'aimais pour saboter la voiture...

Ils furent interrompus par l'entrée d'Alison qui, du seuil, cria :

— Je suis certaine qu'il a avoué!

Ardley voulut la mettre en garde.

— Taisez-vous, Alison, il ne...

Mais Laggan intervint :

— C'est à vous de vous taire, Ardley! Parfaitement, Mrs. Inchbare. Brian Ardley s'est reconnu coupable du meurtre de sa femme et de la tentative criminelle perpétrée sur la personne de votre mari. Pour moi, l'enquête est close.

— Il a menti, inspecteur!

— Pourquoi aurait-il menti?

— Pour me protéger!

— Expliquez-vous?

— Brian sait que c'est moi qui ai empoisonné Mona et démoli la voiture de mon mari... Il a préféré se sacrifier parce qu'il m'aime comme je l'aime!

De nouveau, Alistair Laggan parut excédé.

— McClostaugh, êtes-vous prêt à enregistrer une nouvelle déposition?

— A vos ordres, sir.

— Bon... Eh bien! Mrs. Inchbare, vous avez donc empoisonné Mrs. Ardley?

— Oui...

— Où avez-vous acheté la substance toxique?

— Où je l'ai achetée? Mais... mais à... enfin, chez le droguiste!

— Quel droguiste?

— Je... j'ignore son nom.

— Toutefois, vous vous rappelez où il habite?

— Bien sûr... à Stirling.

— Parfait, vous êtes prête à signer vos aveux?

— Je suis prête.

— Vous irez en prison, Mrs. Inchbare.

Il y avait trop longtemps qu'Imogène se taisait. Il lui parut que dans le ton du policier, il y avait une pitié qu'elle jugeait indécente.

— Et alors? Le meurtre peut la conduire ailleurs qu'à la prison!

— Non, Miss McCarthery, pour le faux témoignage, il n'y a que la prison de prévu.

Ils le regardèrent, surpris, et l'inspecteur précisa :

— Depuis que vous êtes entrée dans cette pièce, Mrs. Inchbare, vous n'avez cessé de mentir et tout ceci, pour tenter de sauver Ardley. Vous avez perdu votre temps et fait perdre le nôtre.

— Inspecteur, je vous jure que je suis seule coupable!

— Et donc, que vous avez empoisonné Mona Ardley avant d'essayer de tuer votre mari?

— Oui.

— Mrs. Inchbare, répéteriez-vous cet aveu devant le major Inchbare?

— Vous êtes sans pitié, n'est-ce pas, inspecteur?

— Sans pitié, madame, quand il s'agit de démasquer l'auteur d'un crime.

— Dans ce cas, j'accepte!

Ils partirent de conserve vers *Le Bélier noir,* mais Imogène eut le temps de glisser à l'oreille de McClostaugh :

— Faites bien attention, Archie : j'ai le sentiment que l'inspecteur tentera l'impossible pour écarter sa chère Alison du gibet!

Impressionné, le sergent s'approcha de Mrs. Inchbare et marcha sur ses talons, prêt à s'opposer à toute tentative de fuite.

CHAPITRE VII

Le docteur Elscott commença par pousser des clameurs d'indignation en apprenant que tous ces gens-là se proposaient d'envahir la chambre de son malade. McClostaugh se porta au premier rang.

— Ça suffit comme ça, Elscott! Laissez passer la justice!

— Vous savez ce que j'en fais de la justice, McClostaugh?

— Non, mais je serais curieux de l'apprendre?

Une fois de plus, Laggan s'interposa entre ces hommes et ces femmes dont on pouvait toujours craindre — quand on ne les connaissait pas — qu'ils en vinssent aux mains.

— Je vous en prie, docteur Elscott. Si nous sommes là, ce n'est sûrement pas pour notre plaisir.

Ebranlé par le ton du policier, Elscott s'inclina.

— Bon... Agissez à votre guise, mais devant tous, je décline la responsabilité de ce qui pourrait se produire!

Et pour bien marquer qu'il désapprouvait la scène se préparant, il quitta la pièce.

Dans son lit, Dermot Inchbare, malgré ses pansements et appareils, donnait une impression d'énergie peu commune. A le voir, l'œil vif, on n'aurait jamais pensé qu'il venait de frôler la mort de très près. Laggan s'approcha seul du blessé.

— Major... Je vous prie de nous excuser, mais vous êtes un soldat et vous savez ce qu'est le devoir. J'ai une mission à remplir : arrêter celui ou celle qui a tué Mona Ardley et qui a tenté de vous tuer en sabotant votre voiture... et cette mission, je vous demande la permission de la remplir.

Avant de répondre, Dermot regarda sa femme, Ardley, l'inspecteur, et tourna la tête vers Imogène.

— Miss McCarthery, vous avez...

— Oui, j'ai montré votre lettre à l'inspecteur.

Le major ferma les yeux :

— J'avais confiance en vous, Miss...

Laggan expliqua :

— N'en veuillez pas à Miss McCarthery, major, avant d'agir comme elle l'a fait, elle m'a demandé conseil. Mr. Inchbare, pardonnez-moi le coup que je vais vous porter... mais il semble bien, d'après ses aveux mêmes, que ce soit votre femme qui ait essayé de vous tuer comme elle a assassiné Mona Ardley.

Le blessé soupira.

— Je le savais... Alison, pourquoi avez-vous fait ça?

La jeune femme demeura muette et le major continua :

— A cause d'Ardley, n'est-ce pas?... Mona et moi aurions dû comprendre... Je ne vous en veux pas, Alison... Dommage que vous n'ayez pas commencé par moi... Je m'en tirerai et je ne porterai pas plainte contre vous, car je vous aime, Alison, comme personne ne vous aimera jamais, j'en suis sûr. Ce n'est pas de ma faute si je suis vieux... et j'aurais tant voulu pouvoir vous épargner la potence... mais il y a le meurtre de Mona... Oh! Alison, comment avez-vous eu le courage... C'est atroce... monstrueux... Je préférerais avoir disparu dans cet accident, au moins, je n'aurais pas été là lorsqu'on viendra vous réveiller pour vous mener au gibet... En vous passant la corde au cou, le bourreau me tuera du même coup, Alison... car je ne pourrai vivre sans vous...

Imogène, bouleversée, poussa Alison :

— Qu'attendez-vous pour solliciter son pardon?

Mais Mrs. Inchbare, écrasée, ne bougea pas. Ce fut Miss McCarthery qui, à son tour, s'approcha du lit de Dermot Inchbare, et, la voix brisée, lui assura :

— Major, tout ce qui a un cœur dans cette ville compatit à votre douleur. Si vous restez parmi nous, je vous promets que nous vous aiderons à reprendre goût à l'existence. Si je vous ai trahi, c'est qu'au-dessus de nos sentiments particuliers, il y a la justice et quoi que vous en puissiez penser, je suis fière d'être celle qui a su diriger l'enquête de la police sur la vraie coupable et son complice.

Il vibrait tant de noblesse, tant de dignité dans ces quelques phrases que McClostaugh lui-même — bien qu'enragé de constater que ce nouveau succès d'Imogène allait encore la faire grimper dans l'estime de ses concitoyens — ne put se tenir de pousser un grognement d'approbation. Quant au major, il se contenta de prendre la main d'Imogène dans la sienne et de la serrer. Une fois encore, l'Ecossaise s'adressa à Alison :

— Il n'y a donc plus rien de propre en vous pour que vous ne soyez pas déjà à genoux?

On vit Alison hésiter et sans doute, allait-elle obéir à l'injonction de Miss McCarthery, lorsqu'on entendit Laggan dire d'un ton paisible :

— Vous ne trouvez pas, les uns et les autres, que cette comédie a assez duré?

Bien qu'ils aient tous parfaitement entendu, il leur parut qu'ils ne saisissaient pas le sens de ces paroles inattendues et dont la vulgarité cadrait mal avec l'intensité tragique de la scène qu'ils vivaient. La première, Imogène regimba :

— Permettez-moi de m'étonner, inspecteur, qu'en un pareil moment, vous vous permettiez de...

Mais le policier l'interrompit sèchement :

— Cela suffit, Miss McCarthery. Je vous serai obligé de vous taire maintenant. Vous avez rempli votre rôle de hanneton aveugle se cognant contre les vitres tout en se figurant voguer en plein ciel. Il est bon qu'on vous le dise une fois pour toutes, Miss : vous êtes impossible! Et si vos erreurs — oserai-je les appeler vos sottises — servent la cause de la justice, c'est lorsqu'on en prend le contre-pied! Réellement, Miss McCarthery, avant de venir ici, j'avais entendu parler de vous, mais il a fallu que je vous voie à l'œuvre pour comprendre. J'ai le regret de vous le répéter : vous êtes impossible, Miss McCarthery.

Pendant cette semonce, le visage d'Imogène passa

par toutes les couleurs de l'arc-en-ciel et un monstrueux juron, venu sans doute des profondeurs de son inconscient, lui monta aux lèvres, mais parce qu'elle était quand même une personne bien élevée, il ne put aller plus loin. Imogène se contenta donc de s'étrangler de fureur. Elle s'apprêtait, son souffle retrouvé, à dire à son tour ce qu'elle pensait de lui à cet âne bâté de Laggan lorsque, la prévenant, l'inspecteur ordonna :

— McClostaugh, si Miss McCarthery prononce le moindre mot, vous l'expulsez.

— Avec joie, sir!

Le sergent croyait tout de bon voler en paradis. Jamais il n'aurait osé espérer une pareille revanche sur l'Ecossaise aux cheveux rouges. Sitôt qu'on serait sorti de cette pièce, il se répandrait dans Callander pour apprendre à tous la déconfiture de leur fausse héroïne. Il pensait à la joie de Mrs. Plury, de Mrs. Frazer, de Mrs. Sharp, d'Elizabeth McGrew, de Margaret Boolitt, du révérend Haquarson, du docteur Elscott et il jugeait que pour une pareille bonne nouvelle, ces ladies et gentlemen lui offriraient une bouteille ou deux de whisky de belle qualité. La vie allait redevenir agréable à Callander! Porté à l'optimisme, McClostaugh se sentait prêt à pardonner au meurtrier de Mona Ardley et de Dermot Inchbare, sentiment que ne partageait visiblement pas Alistair Laggan. Abandonnant Imogène écrasée de honte, se retenant pour ne pas éclater en sanglots devant tous, l'esprit à la dérive sous le choc d'une attaque imprévue et d'une brutalité inouïe, l'inspecteur reprit pour les autres :

— Je vous ai laissé exécuter votre petit numéro à tour de rôle, sauf Mr. Ardley qui s'est montré d'une discrétion étonnante... Puis-je vous en demander la raison, Mr. Ardley?

Brian, qui paraissait fort vieilli, haussa les épaules et se contenta de murmurer :

— Rien à dire.

— Exactement, Mr. Ardley, vous n'aviez rien à dire, parce qu'à part votre scène des aveux tout à l'heure, à l'hôtel, vous ne comprenez pas grand-chose à tout cela, n'est-ce pas?

Brian inclina la tête en guise d'approbation.

— Vous vous êtes dénoncé parce que la lettre que vous a montrée Miss McCarthery vous a incité à croire que la femme que vous aimez était coupable. C'est bien cela?

— Oui.

— Et avant de venir me voir, vous avez téléphoné à Mrs. Inchbare pour lui parler de cette lettre, mais sans doute avez-vous omis de l'accuser formellement, et elle a cru que vous, vous étiez le coupable, et parce qu'elle vous aime, elle s'est précipitée à son tour pour se dénoncer. Est-ce que je me trompe, Mrs. Inchbare?

— Vous voulez dire, inspecteur, que Brian n'est pas le meurtrier?

— C'est exactement ce que je veux dire, Mrs. Inchbare, et vous ne l'êtes pas davantage. Voilà qui doit vous rasséнérer, major?

Inchbare fit un effort pénible pour se redresser et, tremblant d'émotion :

— Alison, *darling*, me pardonnerez-vous d'avoir

douté de vous? Inspecteur, jamais je ne pourrai vous remercier assez... Pourtant, si ce n'est ni Ardley, ni Alison qui ont tué Mona et tenté de me tuer, qui est-ce donc?

— Mais vous, major Inchbare!

Il se fit un silence épais, lourd, où chacun retint son souffle. Imogène en oublia sa détresse et McClostaugh sa joie. Le blessé s'emporta :

— C'est une plaisanterie, je pense?

— Non pas, major Inchbare. Vous avez tué Mona Ardley et vous avez saboté votre voiture, prenant le risque de mourir à seule fin de vous venger, car vous haïssez votre femme depuis que vous avez appris qu'elle aime Brian Ardley. Vous n'êtes pas de ceux qui admettent que tout ne se plie pas à leur volonté. Vous aviez de la sympathie pour Mona Ardley, mais vous l'avez sacrifiée... Vous espériez conduire Alison et Brian au gibet, major Inchbare. Jamais mari trompé n'aurait eu semblable revanche! Tout à l'heure encore, quand vous plaigniez votre femme, vous n'avez pu vous tenir de lui parler de la potence... Moi qui étais au courant, j'entendais le son vrai de votre voix que vous dissimuliez sous un faux chagrin, qui ne pouvait duper un professionnel de ma sorte.

— C'est de la folie!

— Bien sûr, alerté par Miss McCarthery qui avait surpris votre femme et Mr. Ardley, j'ai cru au crime classique, mais très vite, je me suis rendu compte que ni l'un ni l'autre des prétendus coupables n'était un sot, et un pareil meurtre s'affirmait une sottise, car il les désignait sans l'ombre d'une chance de s'en sortir. De plus, ils m'apparurent francs... La cuisinière mise hors de cause de même que le garçon jardinier qui n'avait aucun motif de tuer une maîtresse qu'il adorait, il me fallait trouver un ou une coupable, et j'avoue que je n'y parvenais pas, car tout me ramenait à Brian Ardley ou à Mrs. Inchbare dont, spontanément, je refusais la culpabilité, et j'ai attendu. Dans mon esprit, si en dépit de mes convictions, les coupables se révélaient ceux que l'on était tenté de soupçonner d'entrée, il fallait ou qu'ils fuient, ou qu'ils s'attaquent à votre personne, sinon leur geste criminel contre Mrs. Ardley ne rimait à rien. Je reconnais que votre accident faillit faire chanceler mes convictions. Après la mort de Mona Ardley, la vôtre libérait les deux complices.

— En somme, vous me reprochez de n'avoir pas succombé dans l'accident?

— Pas du tout, car l'intention de vous tuer suffisait. Il n'avait pas dépendu du criminel que vous vous en tiriez.

— Alors?

— Alors, furieux de m'être peut-être trompé au sujet de Mr. Ardley et de Mrs. Inchbare, j'ai réexaminé le problème posé sous tous ses angles, et notamment sous celui où, contrairement à ce que chacun pensait, vous eussiez été au courant de l'amour d'Alison Inchbare pour Brian Ardley. Toutefois, je ne pouvais croire que vous aviez accepté de mourir pour vous venger. C'était vraiment payer très cher une vengeance à laquelle vous n'assisteriez pas. Et puis, subitement, une idée m'est venue.

Pourquoi rouliez-vous à 120 à l'heure alors que vous êtes, de notoriété publique, un conducteur prudent, ayant horreur de la vitesse? Il n'y avait pas de réponse possible sinon que vous vouliez l'accident, que vous saviez que l'accident devait se produire, et c'est parce que vous le saviez que vous avez pu échapper à la mort en prenant des risques terribles. Vous avez ouvert la portière, abandonné votre place derrière le volant et sauté au moment où la voiture percutait le mur. Innocent, vous deviez fatalement mourir. Et puis, Cornelius Van Typpe interrogé m'a dit que vous lui aviez posé des questions à propos d'un supposé roman policier où le criminel perçait les réservoirs des lockheed. Or, on avait justement percé les vôtres. Si vous étiez l'auteur de ce sabotage, tout s'expliquait et notamment le fait que vous m'ayez attiré chez vous en venant me voir par deux fois à mon hôtel en sachant que j'en étais absent. Vous désiriez que je me rende au *Bélier noir* pour me permettre de constater que votre femme s'occupait du moteur de votre voiture. C'était admirablement manigancé. On ne pouvait pas ne pas la soupçonner. A partir de cet instant, j'étais certain de votre culpabilité, mais Miss McCarthery en m'apportant votre lettre m'a ôté jusqu'au plus léger doute. Car, connaissant Miss McCarthery et l'animosité qu'elle nourrissait envers votre femme, vous étiez certain qu'elle me communiquerait votre lettre dans laquelle vous dénonciez ceux qui vous trahissaient. Voyez-vous, Inchbare, il est des sacrifices auxquels on ne peut ajouter foi, et qu'un mari accepte de mourir pour ne pas accuser celle qui le trompe, c'est un peu fort, non?

Les paupières closes, les mâchoires serrées, Dermot Inchbare donnait l'impression d'être mort, mais des rigoles de sueur coulant de ses tempes laissaient deviner qu'il demeurait attentif et qu'il avait peur.

— Pour moi, les deux meurtres étant obligatoirement liés, il fallait que vous eussiez empoisonné Mona Ardley afin de faire accuser son mari. Vous avez profité de ce qu'Ardley et Alison, votre femme, vous croyant endormi, se rencontraient quelque part dans la campagne pour vous glisser au *Chardon écossais* dont vous étiez un familier. C'est alors que vous avez versé le poison dans la tasse de votre victime avec qui vous étiez assez lié pour qu'elle ne s'étonnât point de votre visite tardive. Vous nous direz comment vous vous y êtes pris. Mais je n'avais pas de preuve pour vous convaincre de cet assassinat lorsque tout à l'heure, on m'a téléphoné d'Edimbourg pour m'apprendre qu'un droguiste vous avait reconnu sur la photo qu'on lui présentait. Il se rappelait fort bien que vous lui aviez acheté le produit toxique qui tua Mona Ardley et il se le rappelait parce que votre sens écossais de l'économie vous poussa à vous quereller avec lui pour une question de quelques pence. Major Inchbare, je regrette pour vous que vous ne soyez pas mort dans l'accident, car, lorsque les médecins vous auront rétabli, il est à penser que votre convalescence s'achèvera à la potence.

Une heure plus tard, une ambulance de la police arrivant de Perth se présentait au *Bélier noir* et les infirmiers y transportaient le major Inchbare. Avant de quitter ceux qu'il ne reverrait plus sauf dans la salle du tribunal, le meurtrier déclara :

— Je n'ai pas eu de chance en tombant sur un policier de votre valeur, Laggan. Je vous remercie d'avoir reconnu que mon plan était parfaitement au point. Je regrette la mort de Mona, mais, après tout, je lui ai peut-être rendu service... Quant à vous, Alison, vous n'avez pas encore gagné la partie, car, quelles que soient les histoires que vous vous raconterez avec votre soupirant, rien n'empêchera que si vous n'aviez pas trahi votre devoir, personne ne serait mort. Ma pendaison sera mon cadeau de noce. Je doute qu'il vous porte bonheur. Adieu, *ladies and gentlemen.*

Tout était terminé. Alison s'enfermait dans son cottage, Brian Ardley avait regagné le sien. A son hôtel, Alistair Laggan bouclait ses valises. Archibald McClostaugh, ayant rejoint le cortège, se mettant en marche, avertissait Samuel Tyler et Ted Boolitt et William McGrew de la défaite sans appel d'Imogène McCarthery. Quant à l'Ecossaise aux cheveux rouges, elle était partie seule, désemparée, privée de tout secours. Elle s'en voulait de n'avoir point deviné ce que l'inspecteur du C.I.D. avait compris. Comment expliquer sa défaite sans démolir son prestige? Dans son pessimisme, elle envisageait un exil volontaire parce qu'elle se savait incapable de vivre sans l'affectueuse admiration de ses amis. Perdue dans ses pensées moroses, elle regagnait la rue principale de Callander d'où elle se dirigeait vers sa maison où l'attendait Rosemary Elroy. Avec elle, elle pourrait pleurer sur sa déchéance et sur le triomphe de McClostaugh. Elle ne tenait pas compte de la belle imagination des gens de Callander.

Dans Main Strett, Imogène McCarthery — telle Marie Stuart marchant au supplice — avançait d'un long pas funèbre sans prendre garde aux gens qu'elle croisait quand, tout d'un coup, sans savoir ni pourquoi ni comment, elle se trouva pratiquement nez à nez avec le cortège en l'honneur de Bonnie Prince Charlie. D'abord, ses jambes lui refusèrent tout service et lorsque enfin, elle eut recouvré assez de maîtrise d'elle-même pour orienter sa fuite, il était déjà trop tard, on l'entourait. Affolée, pareille à la biche aux abois qui fait dérisoirement front à la meute qui va la jeter à terre, Imogène se souvint de qui elle était la fille et décida de sombrer en beauté. Se haussant à l'altitude la plus élevée qu'elle pouvait atteindre en redressant la taille, elle lança à ses amis qui la regardaient, à McClostaugh dont la barbe prenait des allures menaçantes, à Mrs. Plury, à Mrs. Sharp, à Mrs. Frazer prêtes, du moins le pensait-elle, à se jeter sur elle :

— Eh bien! oui, c'est le major Inchbare le coupable! Et c'est une honte pour le vieux pays!

Une clameur formidable accueillit sa déclaration,

et Ted Boolitt, étendant les bras pour ramener le silence, tint à dire devant tous :

— Nous avions confiance, Miss Imogène, nous savions que vous arriveriez à vos fins pour damer le pion à des policiers! Personnellement, je n'ai pas été dupe quand vous avez voulu me donner à penser que vous croyiez à la culpabilité de Mrs. Inchbare. C'était une ruse. Vous vouliez endormir la méfiance du vrai coupable au chevet duquel vous avez traîné cet inspecteur incapable! Hip! Hip! Hip! Hurrah! Pour Imogène McCarthery!

Imogène ne comprit pas tout de suite, mais quand Keith McCallum, arrachant le drapeau du comté des mains de l'insignifiante personne le portant pour le remettre à Miss McCarthery, en affirmant :

— Nul autre plus que vous, Miss, n'est digne de porter nos couleurs!

Elle se persuada qu'elle avait envisagé les événements sous un angle trompeur et qu'après tout, il se pourrait bien que Ted Boolitt ait eu raison et qu'elle n'ait jamais douté de la culpabilité de Dermot Inchbare. Sans l'ombre d'un remords, elle se plaça à la tête du cortège et de son allure de Coldstream Guard, entraîna la foule crépitante de bravos vers elle ne savait quel but. A Ted Boolitt marchant à ses côtés, elle confia de la meilleure foi du monde :

— Vous ne pouvez pas vous figurer, Ted, quel mal j'ai eu pour convaincre cet inspecteur du C.I.D. qu'il s'engageait sur une mauvaise piste!

Empoignées par l'ambiance survoltée, Mrs. Sharp,

Mrs. Frazer et Mrs. Plury se surprirent mutuellement à crier « Vive Imogène! » et elles en eurent honte. Sam Tyler, béat, assistait au nouveau triomphe de sa vieille amie et le sergent Archibald McClostaugh se demandait s'il n'avait pas rêvé la scène opposant Laggan à Miss McCarthery. Mais, comme on observait son masque d'enthousiasme d'un œil sévère et parce qu'au fond, il n'était plus sûr de rien, il se mit à crier comme les autres : « Vive Imogène ! » et sentit alors son cœur battre à l'unisson de tous les cœurs des Highlands.

Ce n'est que le lendemain matin que l'inspecteur Alistair Laggan se présenta au superintendent Copland pour lui rendre compte de sa mission. Mais avant qu'il eût ouvert la bouche, le superintendent lui annonça :

— Je suis au courant de votre succès, inspecteur. On m'a téléphoné hier soir de Callander. Alors, il paraît qu'une fois de plus, sans notre Imogène, vous ne seriez pas encore au bout de vos peines?

FIN

LE MASQUE

BABSON Marian
1712 Chapeau, miss Orpington !

BARNARD Robert
1714 Ah ! quelle famille

BENNETT Dorothea
1765 Deux et deux font trois
(déc. 84)

BENZIMRA André
1717 Pour te revoir, Jonathan

BRUCE Léo
1658 Le tueur d'Albert Park

BURLEY W.J.
1762 On vous mène en bateau
(nov. 84)

CHRISTIE Agatha
(85 titres parus voir catalogue général)

CLARKE T.E.B.
1724 Meurtre au Palais de Buckingham

DEVINE Dominique
1725 Week-end tragique

ELLIN Stanley
1670 Le compagnon du fou
1682 La puce de Beidenbauer
1702 La douzième statue
1729 La dernière bouteille

EXBRAYAT
(95 titres parus, voir catalogue général)

FERRARS Elisabeth
1704 Les cendres du passé

FERRIERE Jean-Pierre
1732 Un climat mortel

FORESTER C.S.
1706 A deux pas du gibet

GRAYSON Richard
1726 Meurtre sur la butte

GRIMES Martha
1703 Un si paisible village

GUIBERT Michel
1610 Le vieux monsieur aux chiens
(Prix du Roman d'Aventures 1980)
1705 Et si on tuait Bérénice ?
1716 Le pot-au-feu de Mme da Ponte

HUMES Larry H.
1708 Saut périlleux

JOBSON Hamilton
1763 Pas un mot aux journaux !
(nov. 84)

LOVELL Marc
1693 Enquête au royaume des morts

McCLOY Helen
1697 Permission de tuer

MONAGHAN Hélène de
1379 La mauvaise part
(Prix du Roman d'Aventures 1975)
1683 Demain six heures

POURUNJOUR Caroline
1746 Des voisins très inquiétants
(Prix du Festival de Cognac 1984)

POWERS Elisabeth
1731 Tout ce qui brille

PRONZINI Bill
1737 L'arnaque est mon métier

RENDELL Ruth
1589 Étrange créature
1601 Le petit été de la Saint Luke

1616 Reviens-moi
1629 La banque ferme à midi
1640 Un amour importun
1649 Le lac des ténèbres
1661 L'inspecteur Wexford
1718 La fille qui venait de loin
1747 La fièvre dans le sang

ROUECHÉ Berton
1727 Le crime ne fait pas le bonheur

SALVA Pierre
1570 Des clients pour l'enfer
(Prix du Roman d'Aventures 1979)
1707 Le diable et son train... électrique
1739 Quand le diable ricane

SIMPSON Dorothy
1710 Le secret de Julie

SMITH J.C.
1715 La clinique du Dr Ward

STEIN Aaron Marc
1760 Barbara sur les bras
(oct. 84)

TANUGI Gilbert
1699 Meurtres en eaux profondes
1709 Le jeune homme assassiné

TERREL Alexandre
1733 Rendez-vous sur ma tombe
1749 Le témoin est à la noce
(Prix du Roman d'Aventures 1984)
1757 La morte à la fenêtre
(oct. 84)

THOMSON June
1594 Le crime de Hollowfield
1605 Pas l'un de nous
1720 Claire... et ses ombres
(Prix du Roman d'Aventures 1983)
1721 Finch bat la campagne
1742 Péché mortel

TRIPP Miles
1679 L'attentat du fort Saint-Nicolas
1700 Vol en solo

WAINWRIGHT John
1689 L'homme de loi
1711 Le prochain sur la liste

WATSON Colin
1701 Tempête sur Flaxborough

WYLLIE John
1722 La tête du client
1752 Pour tout l'or du Mali
(sept. 84)

ENVOI DU CATALOGUE COMPLET SUR DEMANDE

Le Club des Masques

ALDING Peter
531 Le gang des incendiaires

BAHR E.J.
493 L'étau

BARNARD Robert
539 Du sang bleu sur les mains *(nov. 84)*

CARR John Dickson
423 Le fantôme frappe trois coups

CHEYNEY Peter
6 Rendez-vous avec Callaghan
23 Elles ne disent jamais quand
31 Et rendez la monnaie
41 Navrée de vous avoir dérangé
57 Les courbes du destin
74 L'impossible héritage

CHRISTIE Agatha
(85 titres parus, voir catalogue général)

CURTISS Ursula
525 Que désires-tu Célia ?

DIDELOT Francis
524 La loi du talion

ENDRÈBE Maurice Bernard
512 La vieille dame sans merci

EXBRAYAT
(71 titres parus, voir catalogue général)

FERRIÈRE Jean-Pierre
515 Cadavres en vacances
536 Cadavres en goguette *(sept. 84)*

FISH et ROTHBLATT
518 Une mort providentielle

FOLEY Rae
517 Un coureur de dot
527 Requiem pour un amour perdu

GILBERT Anthony
505 Le meurtre d'Edward Ross

IRISH William
405 Divorce à l'américaine
430 New York blues

KRUGER Paul
513 Brelan de femmes

LACOMBE Denis
456 La morte du Causse noir
481 Un cadavre sous la cendre

LANG Maria
509 Nous étions treize en classe

LEBRUN Michel
538 La tête du client *(oct. 84)*

LONG Manning
519 Noël à l'arsenic
528 Pas d'émotions pour Madame

LOVELL Marc
497 Le fantôme vous dit bonjour

MARTENSON Jan
495 Le Prix Nobel et la mort

MONAGHAN Hélène de
452 Suite en noir
502 Noirs parfums
543 Le couperet *(déc. 84)*

PICARD Gilbert
477 Le gang du crépuscule
490 L'assassin de l'été

RATHBONE Julian
511 A couteaux tirés

RENDELL Ruth
451 Qui a tué Charlie Hatton ?
501 L'analphabète
510 La danse de Salomé
516 Meurtre indexé
523 La police conduit le deuil
544 La maison de la mort *(déc. 84)*

RODEN H.W.
526 On ne tue jamais assez

SALVA Pierre
475 Le diable dans la sacristie
484 Tous les chiens de l'enfer
503 Le trou du diable

SAYERS Dorothy L.
400 Les pièces du dossier

SIMPSON Dorothy
537 Le chat de la voisine *(oct. 84)*

STOUT Rex
150 L'homme aux orchidées

STUBBS Jean
507 Chère Laura

SYMONS Julian
458 Dans la peau du rôle

THOMSON June
521 La Mariette est de sortie
540 Champignons vénéneux *(nov. 84)*

UNDERWOOD Michaël
462 L'avocat sans perruque
485 Messieurs les jurés
535 La main de ma femme *(sept. 84)*

WAINWRIGHT John
522 Idées noires

WATSON Colin
467 Cœur solitaire

WINSOR Roy
491 Trois mobiles pour un crime

ENVOI DU CATALOGUE COMPLET SUR DEMANDE

Les Maîtres du Roman Policier

Première des collections policières en France, Le Masque se devait de rééditer les écrivains qu'il a lancés et qui ont fait sa gloire.

ARMSTRONG Charlotte
1740 L'étrange cas des trois sœurs infirmes
1767 L'insoupçonnable Grandison *(déc. 84)*

BEEDING Francis
238 Le numéro gagnant

BIGGERS Earl Derr
1730 Le perroquet chinois

BOILEAU Pierre
252 Le repos de Bacchus *(Prix du Roman d'Aventures 1938)*

BOILEAU-NARCEJAC
1748 L'ombre et la proie

CARR John Dickson
1735 Suicide à l'écossaise

DARTOIS Yves
232 L'horoscope du mort

DOYLE Sir Arthur Conan
1738 Le chien des Baskerville

ENDRÈBE Maurice Bernard
1758 La pire des choses *(oct. 84)*

FAIR A.A.
1745 Bousculez pas le magot
1751 Quitte ou double *(mai 84)*

HEYER Georgette
297 Pourquoi tuer un maître d'hôtel ?
484 Noël tragique à Lexham Manor

HUXLEY Elspeth
1764 Safari sans retour *(nov. 84)*

KASTNER Erich
277 La miniature volée

KING Rufus
375 La femme qui a tué

LEBRUN Michel
1759 Plus mort que vif *(oct. 84)*

MILLER Wade
1766 La foire aux crimes *(déc. 84)*

NARCEJAC Thomas
355 La mort est du voyage *(Prix du Roman d'Aventures 1948)*

PALMER Stuart
117 Un meurtre dans l'aquarium

QUENTIN Patrick
166 Meurtre à l'université

ROSS Jonathan
1756 Une petite morte bien rangée *(sep. 84)*

RUTLEDGE Nancy
1753 Emily le saura *(sept. 84)*

SAYERS Dorothy L.
174 Lord Peter et l'autre
191 Lord Peter et le Bellona Club
1754 Arrêt du cœur *(sept. 84)*

STAGGE Jonathan
1736 Chansonnette funèbre

STEEMAN Stanislas-André
84 Six hommes morts *(Prix du Roman d'Aventures 1931)*
95 La nuit du 12 au 13
101 Le mannequin assassiné *(mai 84)*
284 L'assassin habite au 21
388 Crimes à vendre *(nov. 84)*

TEY Josephine
1743 Elle n'en pense pas un mot

VERY Pierre
60 Le testament de Basil Crookes *(Prix du Roman d'Aventures 1930)*

IMPRIMÉ EN FRANCE PAR BRODARD ET TAUPIN
58, rue Jean Bleuzen - Vanves - Usine de La Flèche.
ISBN : 2 - 7024 - 1568 - X

H 52/1817/7